SOMMAIRE

PARTIE 1 • ÉTUDES ET VEILLE COMMERCIALES INTERNATIONALES

PARTIE 2 • PROSPECTION ET NÉGOCIATION

PARTIE 3 • GESTION DES OPÉRATIONS D'IMPORT – EXPORT

PARTIE 4 • OUTILS DE GESTION COMMERCIALE

PARTIE 5 • TESTS

PARTIE 6 • PRÉPARATION À L'EXAMEN

PARTIE 1

ÉTUDES ET VEILLE COMMERCIALES INTERNATIONALES

FICHE 1

LA DÉMARCHE MARKETING À L'INTERNATIONAL

I. LE MARKETING

A • Définitions

1. Le marketing est constitué de l'ensemble des actions qui, dans une économie de marché, ont pour objectif de prévoir ou de constater, le cas échéant de stimuler, susciter ou renouveler les besoins du consommateur en telle catégorie de produits ou services et de réaliser l'adaptation continue de l'appareil productif et de l'appareil commercial d'une entreprise aux besoins ainsi déterminés.

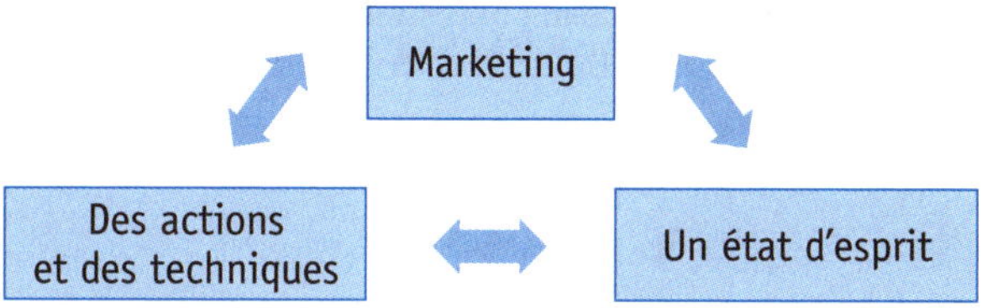

2. La démarche marketing : la démarche marketing repose sur la volonté de l'entreprise de satisfaire les besoins du consommateur. Le client est au cœur de l'activité de l'entreprise. Une réponse adaptée aux attentes des clients doit assurer la croissance ainsi que la rentabilité de l'entreprise.

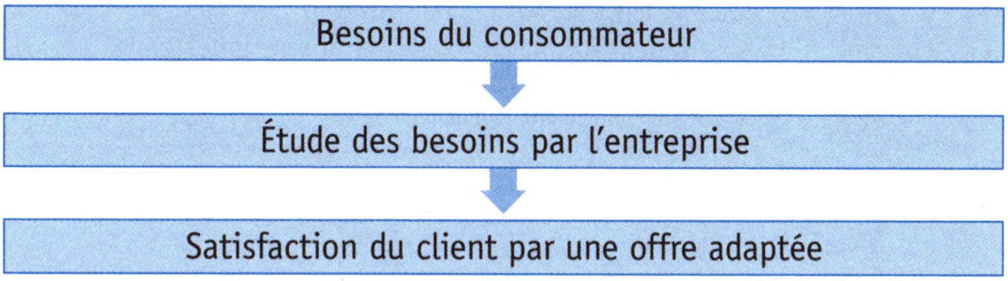

B • Marketing stratégique et marketing opérationnel

Le marketing de l'entreprise repose sur une double démarche.

Marketing stratégique (étude)	Marketing opérationnel (action)
– Identification et analyse des besoins. – Développement de concepts de produits adaptés aux besoins. – *Benchmarking*, veille, analyse du marché, segmentation, positionnement, diagnostic de l'entreprise.	– Mise en œuvre d'un plan d'action pour créer et développer la demande. – Élaboration d'un plan de marchéage. – Tests de produits et d'image, étude de motivation, enquêtes...

C • Du marketing de masse au marketing individualisé

orientation offre	– **Contexte** : demande supérieure à l'offre. – **Rôle du marketing** : vendre les produits existants.
marketing de masse	– **Contexte** : demande forte mais capacité de production disponible et élargissement des marchés. – **Rôle du marketing** : analyse des besoins, anticipation et adaptation aux évolutions des marchés.
marketing segmenté	– **Contexte** : concurrence accrue, saturation de la demande, ralentissement économique. – **Rôle du marketing** : identification de groupes homogènes de consommateurs, offre ciblée et adaptée aux différents segments du marché.
marketing individualisé	– **Contexte** : concurrence accrue, consommateur caméléon, infidèle et plus exigeant. – **Rôle du marketing** : fidélisation des clients, satisfaction des clients par une offre personnalisée, information et écoute de la clientèle.

II. Le plan de marchéage

A • Le **plan de marchéage** va combiner les moyens d'action commerciale susceptibles d'assurer la réussite de la stratégie adoptée. Il est composé de 4 éléments : le plan produit, le plan prix, le plan distribution, le plan communication (les 4P : *product, price, place and promotion*).

plan produit	– Définition et gestion de la gamme. – Choix des caractéristiques du produit. – Choix du packaging, choix de marque, étiquette. – Niveau de qualité du produit. – Services associés au produit.
plan prix	– Choix d'une stratégie de prix : pénétration ou écrémage. – Définition des marges commerciales. – Définition des conditions commerciales.
plan distribution	– Choix des canaux de distribution. – Gestion de l'équipe commerciale.
plan communication	– Choix concernant la communication média et hors média. – Sélection des cibles/types de communication, le budget. – Stratégie média et copy stratégie. – Actions promotionnelles.

B • Le **plan de marchéage** permet d'agir sur certaines actions commerciales mais aussi d'éviter les contradictions entre les actions.

LA FORMULATION ET L'ÉVALUATION DU PLAN DE MARCHÉAGE À L'INTERNATIONAL

I. L'ÉLABORATION DU PLAN DE MARCHÉAGE

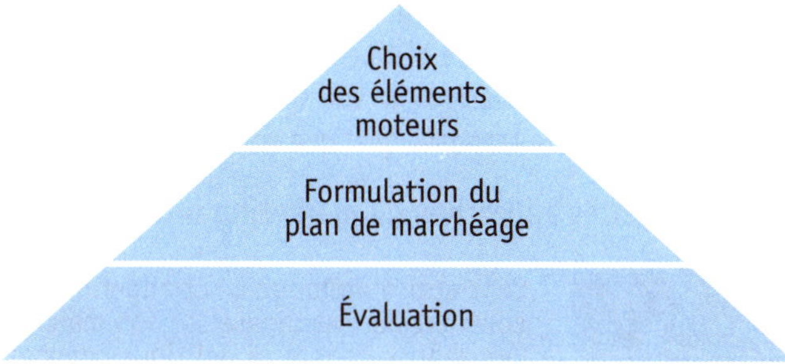

A • **L'élément moteur** est la variable qui procure une supériorité sur les concurrents et représente les facteurs du succès (qualité, design, prix...). **Le choix des éléments moteurs** dépend des motivations et des critères de la demande (client) mais aussi des ressources, forces et faiblesses potentielles du producteur.

B • **La formulation du plan de marchéage** doit être réalisée avec cohérence :
- entre les actions des différentes politiques ;
- avec le potentiel de l'entreprise et son environnement ;
- dans le temps ;
- selon les objectifs visés et la stratégie définie ;
- selon l'allocation des moyens prévus pour les différentes actions.

C • **L'efficacité du plan de marchéage** peut être mesurée par :
- le volume des ventes, la part de marché du produit ou encore les résultats financiers (évaluation quantitative) ;
- la cohérence, l'adaptation aux besoins, la différenciation avec les concurrents (évaluation qualitative).

II. LE MARKETING INTERNATIONAL

A • Définition

« L'entreprise doit apprendre à penser qu'elle ne produit pas des biens ou des services mais qu'elle achète de la clientèle, en faisant en sorte que les gens aient envie de devenir ses clients. » (T. Levitt.)

1. Les caractéristiques de chaque pays et de chaque individu sont uniques, une entreprise qui souhaite partir à la conquête de marchés étrangers à l'international ne peut transposer totalement une **offre commerciale** développée avec succès sur son marché domestique.

2. Les **techniques marketing** sont cependant applicables à la fois au plan local et à l'étranger.

3. Les spécificités du marketing international dépendent donc du degré d'internationalisation de l'entreprise mais aussi de sa gestion des différences entre les environnements nationaux dans lesquels elle opère :
- adaptation partielle ou totale aux spécificités du marché étranger ;
- offre commerciale standard quel que soit le marché.

B • Les différentes approches du marketing international

Marketing de l'exportation	– L'entreprise prolonge à l'étranger une politique commerciale fructueuse sur son marché domestique. – L'entreprise adapte sa politique commerciale initiale aux exigences des marchés étrangers.
Marketing pluri-domestique	– L'entreprise met en place des politiques marketing différentes. – La présence sur plusieurs marchés étrangers implique une coordination et une rationnalisation des politiques commerciales.
Marketing international global	– L'entreprise se développe à l'international à l'issue d'une démarche de segmentation internationale des marchés. – L'entreprise adapte son offre commerciale en fonction des segments et non en fonction des pays.

C • Le dilemme adaptation/standardisation

1. Lorsque les activités de l'entreprise se développent sur plusieurs marchés étrangers, la question de l'adaptation ou de la standardisation des décisions mercatiques se pose.

2. Marketing global ou marketing local :

Avantages de la standardisation	Inconvénients de la standardisation
– Réduction des coûts (économies d'échelle). – Image internationale homogène. – Effet de synergies entre les pays.	– Efficacité commerciale réduite. – Perte de parts de marchés. – Faible capacité de réaction à la concurrence. – Démotivation de l'équipe commerciale locale.

FICHE 3

LE DÉVELOPPEMENT INTERNATIONAL DE L'ENTREPRISE

I. LA DÉMARCHE STRATÉGIQUE

A • Le concept de stratégie

1. L'élaboration de la stratégie d'une entreprise consiste à choisir des domaines d'activités dans lesquels elle souhaite être présente, et à allouer des ressources afin de s'y maintenir et s'y développer.

2. La démarche stratégique

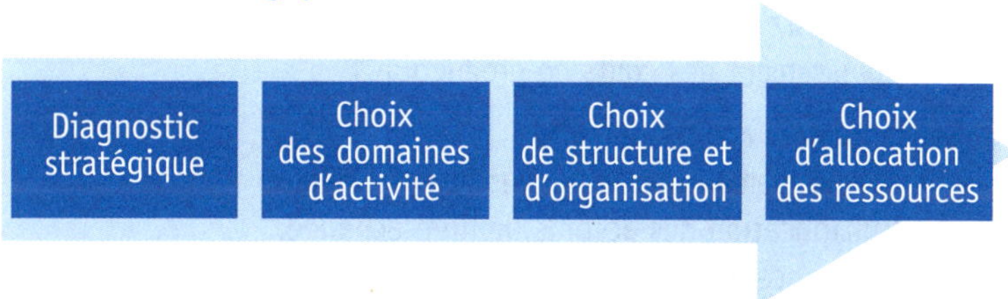

3. Les choix stratégiques : l'internationalisation constitue une combinaison des stratégies de base.

- **Spécialisation** : l'entreprise axe ses efforts sur un marché ou un type de produit.
- **Diversification** : elle consiste à investir dans des activités nouvelles ou sur de nouveaux marchés.

4. Les formes multiples de la stratégie

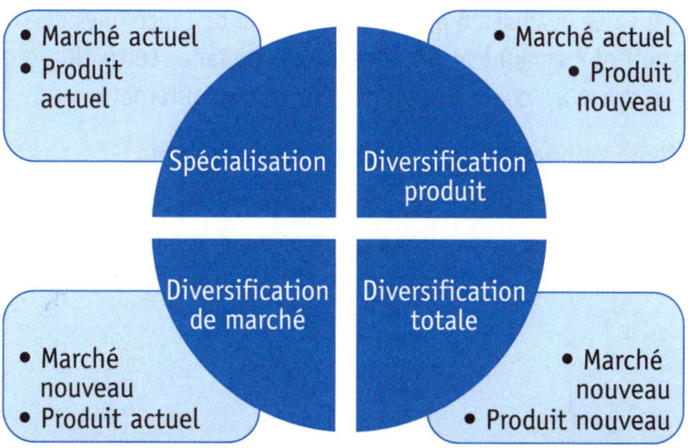

B • Les raisons de l'internationalisation

1. Les facteurs commerciaux

- **Étroitesse et saturation du marché national** : beaucoup d'entreprises ont commencé à exporter afin de trouver des débouchés nouveaux.
- **Spécialisation de l'entreprise** : pour certains produits spécifiques, le marché ne peut se limiter à un territoire national, compte tenu du faible nombre des acheteurs potentiels.
- **Régularisation** : les fluctuations économiques nationales peuvent être compensées par les marchés étrangers.

2. Les facteurs industriels

- Recherche d'économie d'échelle de production.
- Amortissement des efforts de recherche et de développement.
- Abaissement des coûts de production.

3. Les facteurs d'environnement

- Développement des échanges internationaux.
- Multiplication des accords de libre-échange.
- Croissance mondiale.
- Pays émergents…

4. Les facteurs d'opportunité

- Demande spontanée.
- Production excédentaire.
- Motivation du dirigeant…

II. Les risques des stratégies de développement international

A • La sous-estimation des coûts

Une mauvaise évaluation de l'incidence de la distance physique ou géographique (transport et communication) ainsi que la distance culturelle (langue, culture…) peut accroître les coûts liés au développement international de l'entreprise.

B • L'environnement international incontrôlable

Certaines évolutions sont soudaines et imprévisibles (modifications réglementaires, législatives, instabilité politique, taux de change…)

FICHE 4

LES ORIENTATIONS DU DÉVELOPPEMENT INTERNATIONAL

I. LES FORMULES STRATÉGIQUES

A • Le choix des formules

1. Le choix des formules s'effectue en fonction de deux grands types de décisions : choix du nombre de marchés à toucher, rôles respectifs qu'occupent le marché national, le marché international dans la stratégie de développement de l'entreprise.

2. La concentration ou la dispersion : on distingue d'une part les entreprises qui mettent en œuvre une stratégie de dispersion géographique avec une répartition des efforts commerciaux sur plusieurs pays ; d'autre part celles qui préfèrent allouer les ressources disponibles à un petit nombre de marchés (l'objectif est d'obtenir une part de marché importante et durable dans les marchés cibles).

B • Le marché national, international ou mondial

L'entreprise ne considère que le marché national.	Le marché domestique est prédominant, les marchés étrangers ne sont que des satellites du marché national : l'approche de l'entreprise est « internationale ».	Le marché domestique n'est qu'un des nombreux marchés sur lesquels intervient l'entreprise : l'approche est « multinationale » avec un décloisonnement des différents marchés entre eux, chacun ayant ses spécificités.	Le monde n'est qu'un vaste marché, où l'homogénéité de la demande l'emporte le plus souvent sur les subtilités des goûts locaux : l'approche est globale.

II. LA STRATÉGIE DE MARKETING INTERNATIONAL

A • Le marketing international

On distingue trois approches :

1. Le « marketing de l'exportation »

Cette approche est adaptée aux entreprises qui souhaitent prolonger à l'étranger une politique commerciale fructueuse sur le marché français. La politique commerciale élaborée initialement sur le marché domestique est adaptée aux exigences des marchés étrangers.

2. Le marketing « pluri-domestique »

La présence de l'entreprise sur plusieurs marchés étrangers fait apparaître un besoin de coordination et de rationalisation de politiques commerciales parfois différentes.

3. Le « marketing international global »

L'entreprise se développe sur le marché mondial après une démarche de segmentation internationale des marchés. La démarche marketing repose sur une définition des objectifs et sur une allocation des ressources par rapport à des segments de marchés (ces marchés ne sont pas constitués en référence à des frontières).

B • Adaptation/standardisation des décisions mercatiques

Le choix se pose à la fois au niveau de la politique de produit, de la politique de prix, de la politique de communication, de la politique de distribution.

1. Une réduction des coûts

Le choix de la standardisation permet généralement de réduire les coûts en réalisant des économies d'échelle. Cette option permet également à l'entreprise de maintenir une image internationale homogène.

2. Le risque de l'inadaptation

La standardisation peut cependant nuire à l'efficacité commerciale de l'entreprise et nuire à sa part de marché, en raison d'une inadaptation locale des produits par exemple.

FICHE 5

L'APPROCHE DES MARCHÉS ÉTRANGERS : L'ÉTUDE PAYS

I. L'ÉTUDE PAYS ET L'ANALYSE GÉOPOLITIQUE

A • Les caractéristiques

1. L'entreprise qui souhaite se développer à l'international doit dans un premier temps **s'informer sur le ou les pays** qu'elle souhaite pénétrer. Cette étude pays ainsi que l'analyse géopolitique doivent lui permettre de repérer les **potentiels économiques, commerciaux mais aussi les risques**.
2. Dans un deuxième temps, il est nécessaire de sélectionner un ou plusieurs marchés en les classant par ordre de priorité.
3. Une étude plus approfondie sur le(s) marché(s) sera ensuite nécessaire pour valider les choix effectués et définir le plan marketing.

B • Les objectifs

1. **L'étude pays** a pour objectif essentiel de mettre en évidence la situation économique du pays par une analyse des principaux indicateurs économiques. On évalue ainsi le potentiel général et la taille du marché.
2. Dans l'approche de marchés étrangers, il est crucial de comprendre **l'environnement géopolitique** du pays. La géopolitique est une discipline dont l'objet est **l'étude** des idéologies relatives aux territoires. Elle fournit des pistes de compréhension des individus et des peuples, de la situation et des enjeux du monde actuel qui permettront de mieux appréhender un marché étranger sur le plan commercial.

II. LA DÉMARCHE

A • Présenter une étude pays

Analyse des principaux indicateurs macroéconomiques	– PIB réel – Croissance réelle du PIB en % – Consommation totale – Investissements bruts – Taux d'inflation nationale en % – Chômage en % de la population active – Chômage en % des salariés – Exportations totales réelles – Évolution des exportations réelles – Importations totales réelles en milliards d'euros – Évolution des importations réelles

Étude des activités économiques de production	– Secteur primaire – Secteur secondaire – Secteur tertiaire
Commerce extérieur	– Total des importations – Répartition des importations par pays – Total des exportations – Répartition des exportations par pays
Investissements et entreprises	– Flux d'investissements directs – Stock d'investissements directs – Entreprises les plus importantes
Indicateurs socio-économiques	– Population totale – Densité de population – Espérance de vie à la naissance – Niveau d'études des jeunes – Dépenses de consommation – Dépenses pour le logement et l'énergie – Dépenses pour les loisirs et la culture – Inégalité de répartition des revenus – Dépenses totales de protection sociale – Coût horaire de la main-d'œuvre

B • Réaliser une grille d'analyse géopolitique

Géographie physique	Situations politiques et institutionnelles	Géographie humaine	Cultures
Contraintes de la géographie physique – Climats – Risques naturels	**États**	**Démographie**	**Identité culturelle**
Accès aux ressources stratégiques – Ressources énergétiques – Ressources alimentaires – Eau – Infrastructures	**Les frontières** – Organisation interne des États – Régime politique	**Santé**	**Religion**
		Conditions de vie – Revenus – Habitat – Accès à l'éducation et au savoir – Bien-être de la population	

FICHE 6

L'APPROCHE DES MARCHÉS ÉTRANGERS : LA SÉLECTION DES MARCHÉS

I. LA SÉLECTION DES MARCHÉS ÉTRANGERS

A • Les objectifs

1. Les informations collectées sur le pays permettent de classer les pays en fonction de trois critères : accessibilité du marché, potentialité du marché et risques sur le marché.

2. Le classement des pays à l'aide d'indicateurs quantitatifs ou qualitatifs doit faciliter le choix des marchés pour l'entreprise.

B • La démarche

• Le tableau de sélection

	Points forts	Points faibles
Critères d'accessibilité du marché		
Facteurs physiques		
Facteurs tarifaires		
Facteurs non tarifaires		
Facteurs socioculturels		
Facteurs économiques et politiques		
Critères de potentialité		
Données de base		
Situation économique		
Dimension du marché de notre produit		

Les risques		
Sécurité des transactions		
Stabilité politique		
Rentabilité des investissements		
Niveau de développement		

II. Comparer plusieurs marchés : la matrice de sélection

De plus en plus, les entreprises ont recours à des matrices de sélection, qui permettent, grâce à des coefficients de pondération, de relativiser certains des critères retenus en fonction des spécificités de l'entreprise et d'évaluer l'attractivité d'un pays de manière plus précise.

Coeff.	Valeur appréciation pays / Critères évaluation	Marchés cibles envisagés															
		A				B				C				D			
		1	2	3	4	1	2	3	4	1	2	3	4	1	2	3	4
	Importance du marché en volume																
	Importance du marché en valeur																
	Analyse du marché (années passées)																
	Perspectives de croissance du marché																
	État de la concurrence																
	Réactions nationalistes des consommateurs																
	Réactions nationalistes des industriels privés																
	Réactions nationalistes des industriels publics																
	% importations dans consommation nationale																
	Adéquation des produits/services de la firme																
	Conditions de distribution des produits																
	Situation géographique de l'entreprise																
	Situation politique du pays																
	Situation économique du pays																
	Situation sociale du pays																
	Appréciation globale																
	Évaluation finale																

Légende

1 : conditions très défavorables ;
2 : conditions défavorables ;
3 : conditions favorables ;
4 : conditions très favorables.

FICHE 7

L'APPROCHE DES MARCHÉS ÉTRANGERS : L'ÉTUDE DE MARCHÉ À L'INTERNATIONAL

I. LES ÉTUDES DE MARCHÉ

A • Les caractéristiques

1. Après la sélection des marchés cibles, l'entreprise peut rechercher des informations précises afin de conforter son choix et d'adapter sa stratégie à l'international en réalisant une étude de marché.

2. Le but de l'étude de marché est de fournir les informations mercatiques nécessaires sur un secteur d'activité dans le pays cible.

3. La démarche peut consister à rechercher des informations existantes (recherche documentaire) ou des informations *ad hoc* (appropriées).

4. Selon les objectifs poursuivis, l'étude de marché sera qualitative ou quantitative.

5. Les techniques d'étude de marché sont nombreuses mais toutes ne sont pas transposables d'un pays à l'autre.

B • La démarche

L'étude de marché à l'international consiste à recueillir de façon méthodique des informations pour préparer les décisions relatives au développement international de l'entreprise. La nature des décisions à prendre détermine le type d'étude de marché réalisée.

C • Les enjeux

L'objectif de ces études est d'approfondir la connaissance d'un marché nouveau, d'identifier les principaux acteurs et les modalités de fonctionnement de ce marché. Plusieurs éléments sont analysés d'un point de vue quantitatif et qualitatif.

Fiche 10

À SAVOIR

La mise en œuvre de l'étude de marché à l'international doit tenir compte des spécificités culturelles du pays.

II. Comment présenter une étude de marché ?

	Analyse quantitative	Analyse qualitative
Demande	La **demande** : évaluer la consommation actuelle de produit, son évolution sur les dernières années et envisager les tendances à venir ; estimer l'étendue de son marché ; connaître les intervenants sur le marché ; qui sont les consommateurs actuels et potentiels du produit ; le processus d'achat ; déterminer les motivations et les habitudes d'achat et de consommation ; identifier des segments de marché ; identifier les spécificités culturelles qui influencent les attentes des consommateurs et donc la définition du produit, du prix, de la marque et de la communication.	
Offre	La **concurrence** : quantifier l'offre de produits concurrents et mettre en évidence les pays concurrents (à travers les produits importés) ; la production nationale et son évolution ; les producteurs locaux et leur part de marché (volume ou valeur des ventes de l'entreprise/volume ou valeur des ventes toutes marques) ; les tendances industrielles (rachats, concentration d'entreprises...) ; les importations et leur évolution ; les principaux pays d'origine et les principaux fournisseurs et leur stratégie commerciale et leurs forces et faiblesses ; les marques, les parts de marché des produits concurrents, prix, communication.	
Distribution	Identification **des circuits de distribution** ; la nature des canaux de distribution ; le type d'intermédiaires intervenant sur le marché ; les services rendus par les distributeurs ; la structure des coûts de distribution (marges, remises...).	
Environnement	Analyse de **composantes de l'environnement** : politique, économique, socioculturelle, technologique, environnementale (approche écologique), légale.	

LES PRINCIPALES TECHNIQUES D'ÉTUDE DE MARCHÉ À L'INTERNATIONAL

I. LA COMPARAISON DES PRINCIPALES TECHNIQUES D'ÉTUDE DE MARCHÉ

	Recherche documentaire	Étude qualitative	Étude quantitative
Nature des informations collectées	Tout thème.	Motivations, freins, analyse du processus d'achat.	Mesure d'une opinion, d'une intention, fréquence d'achat...
Technique de recueil des informations	Lecture d'informations.	Entretiens, réunion de groupes.	Sondage.
Technique d'analyse	Synthèse des informations.	Analyse de contenu.	Analyse statistique.

II. L'ÉTUDE DOCUMENTAIRE

Elle porte sur des informations dites secondaires car déjà recueillies une première fois. C'est en général la première étude qui sera réalisée par l'entreprise. Elle permet de gagner du temps et coûte moins cher que l'étude primaire. Cette dernière se réalise si l'entreprise ne trouve pas l'intégralité des réponses dans l'étude secondaire.

- **Typologies des sources documentaires**

Sources internes (au sein de l'entreprise)	- dans la comptabilité - au service mercatique - au service commercial
Sources externes (à l'extérieur de l'entreprise, payantes ou gratuites)	- auprès d'organismes officiels - auprès d'organismes professionnels

III. L'ÉTUDE QUALITATIVE

A • Caractéristiques

L'étude qualitative consiste à analyser le comportement d'un petit nombre de personnes et vise à comprendre la logique qui sous-tend une opinion. Menée par des psychosociologues, elle tente de faire ressortir les motivations des consommateurs pour expliquer leurs comportements d'achat.

Elle porte sur un nombre restreint de personnes : de 20 à 50. La durée de chaque « interview » est assez longue : 2 heures en moyenne. La fiabilité statistique de ces études n'est pas calculable.

B • Typologies des techniques

1. Les entretiens

Non directif	– Technique consistant à laisser l'interviewé s'exprimer librement sur un sujet.
Semi-directif	– Questions posées pour relancer le sujet.
Directif	– Série de questions à l'interviewé.

2. Les tests

Test projectif	– consiste à faire parler la personne interviewée sur un sujet afin qu'elle projette ses idées.
Entretien semi directif	– cherche à faire exprimer les non-dits.

IV. L'ÉTUDE QUANTITATIVE

A • Caractéristiques

L'étude quantitative permet d'obtenir des résultats chiffrés dont la représentativité peut être appréciée avec précision.

B • Typologies des techniques

On distingue le sondage : enquête ponctuelle à partir d'un échantillon représentatif, le panel : enquête permanente à partir d'un échantillon représentatif, le recensement : enquête ponctuelle réalisée sur une population mère (ex. : tous les clients de l'entreprise).

C • Constitution de l'échantillon

Les enquêtes quantitatives ponctuelles sont menées soit par recensement (l'ensemble de la population ciblée est interrogée), soit plus fréquemment par sondage – c'est-à-dire l'interrogation d'un échantillon représentatif de la population (à partir duquel les résultats obtenus sont extrapolés à l'ensemble de la population).

Deux types de méthodes d'échantillonnage existent :

1. Avec les méthodes non probabilistes. La taille de l'échantillon est fonction du budget et du temps disponibles pour réaliser l'enquête (généralement entre 200 et 1 000 unités). Ces méthodes sont moins coûteuses.

2. Avec les méthodes probabilistes (ou aléatoires, au hasard) : chacun a la même chance d'être tiré au sort (exemple : fichier-client). Ces méthodes permettent d'estimer les caractéristiques de la population à partir des résultats obtenus et avec une certaine marge d'erreur liée à la taille de l'échantillon, qui est tiré au hasard. La taille de l'échantillon est calculée mathématiquement.

N (taille de l'échantillon) = T (seuil de confiance)^2 × [(P.Q)/E^2]
d'où E = ± T × racine carrée [(P.Q)/N]

L'APPROCHE DES MARCHÉS ÉTRANGERS : LE DIAGNOSTIC EXPORT

I. LES OBJECTIFS DU DIAGNOSTIC

- Le choix de l'internationalisation de l'entreprise repose sur une analyse préalable des conditions de réussite de cette stratégie.
- Cette réussite dépend des capacités intrinsèques de l'entreprise et de ses compétences distinctives sur les marchés visés.
- Le diagnostic export a une double vocation :
  - sans référence à un marché donné, il doit permettre de déterminer la capacité de l'entreprise à faire face aux difficultés inhérentes à l'internationalisation et à gérer l'exportation ;
  - pour un pays donné, il est nécessaire d'évaluer les chances de réussite des couples produit/marché.

Le diagnostic conduit à mettre en évidence les forces et les faiblesses de l'entreprise dans un environnement donné et à s'assurer de la cohérence entre les moyens de l'entreprise, les caractéristiques du marché cible et les objectifs de la stratégie internationale.

II. LES COMPOSANTES DU DIAGNOSTIC

A • Analyse des fonctions et évaluation des ressources de l'entreprise

Le diagnostic évalue les grandes fonctions de l'entreprise et conduit à mettre en évidence les ressources qui conditionnent ses forces et ses faiblesses. Il permet de mesurer le degré de savoir-faire international de l'entreprise.

1. Fonction de production et ressources techniques

Il s'agit ici d'analyser la capacité de l'entreprise à produire en quantités suffisantes et sur une longue période, à adapter techniquement les produits avec un surcoût modéré, à produire dans les délais exigés par le marché.

2. Fonction financière et ressources financières

Il s'agit d'analyser la capacité financière de l'entreprise à plusieurs niveaux : financement des investissements industriels et commerciaux en France et à l'étranger, gestion des stocks, durées de crédit client, délais de règlement, importance du fonds de roulement, trésorerie disponible, capacité d'endettement, d'autofinancement...

3. Fonction ressources humaines

Il s'agit d'analyser les compétences du personnel, de l'organisation interne et des capacités de coordination et de contrôle de ses partenaires par l'entreprise dans une perspective de développement international.

4. Fonction marketing

Il s'agit d'analyser le niveau de maîtrise du marché de base de l'entreprise au travers de l'étude de la position sur le marché français et éventuellement sur les marchés étrangers, de la situation par rapport aux principaux concurrents, du marketing mix de l'entreprise.

B • Étude de l'environnement de l'entreprise

Le diagnostic externe doit permettre d'identifier les composantes de l'environnement qui favoriseront le développement à l'international de l'entreprise, ou au contraire les freins qui risqueraient de freiner ce développement.

Le diagnostic doit permettre également une analyse de l'environnement concurrentiel, mais aussi une analyse du niveau de compétitivité technologique et commerciale de l'entreprise.

Ces éléments ne s'apprécient pas indépendamment des marchés visés. Il s'agit de mettre en évidence les compétences distinctives de l'entreprise sur ces marchés et de comparer son expérience, ses capacités aux exigences du marché. L'analyse s'adapte à chaque marché.

Cette étude repose sur deux dimensions : une analyse du macro-environnement et une analyse du micro-environnement.

III. Réaliser un diagnostic export

<table>
<tr><th colspan="2">Le diagnostic interne : analyse de l'entreprise</th></tr>
<tr><th>Forces</th><th>Faiblesses</th></tr>
<tr><td colspan="2">Données générales sur l'entreprise – Fonction de production et ressources techniques – Ressources humaines – Ressources financières – Analyse du mix actuel de l'entreprise.</td></tr>
<tr><th colspan="2">Le diagnostic externe : analyse de l'environnement</th></tr>
<tr><th>Opportunités</th><th>Menaces</th></tr>
<tr><td colspan="2">Analyse du macro-environnement :
Environnement politique, environnement économique, environnement socioculturel, environnement technologique, environnement écologique et environnement légal.
Analyse du micro-environnement :
Analyse concurrentielle et sectorielle : les cinq forces de Porter (concurrents du secteur, entrants potentiels, substituts, fournisseurs, clients) ; étude des facteurs de compétitivité (chaîne de valeur).</td></tr>
</table>

FICHE 10

L'APPROCHE DES MARCHÉS ÉTRANGERS : LE DIAGNOSTIC CULTUREL

I. L'ÉTUDE DES CULTURES

• La connaissance d'une culture peut se faire de façon factuelle et interprétative.

• Les connaissances factuelles sont surtout liées aux constats et aux statistiques et déterminent le profil d'une culture en fonction des données obtenues sur son économie, sa population, etc.

• Les connaissances interprétatives, au contraire, font très fortement appel à la sensibilité. Il s'agit généralement d'une analyse très subjective, elle donne souvent lieu à des interprétations partielles.

• Chaque société a sa propre culture, car il s'agit de son héritage social.

II. COMPRENDRE UNE CULTURE

• Une culture est la façon dont les individus qui la composent résolvent leurs problèmes.

• La connaissance d'une culture n'est jamais complète ni acquise, car les cultures sont dynamiques. Leur évolution est forcément liée à une « contamination culturelle ». C'est par le contact avec d'autres cultures que l'on apprend des éléments nouveaux, que l'on intègre, avec ou sans adaptation, à sa propre culture.

• Au niveau marketing, cette notion de dynamique culturelle est essentielle, car un produit introduit avec succès sur un marché étranger ne veut pas dire que la mission est accomplie : ce n'est que le début de son existence au sein d'une culture qui évoluera et avec laquelle il devra évoluer pour continuer d'exister.

III. CULTURE ET COMPORTEMENT DU CONSOMMATEUR

La dimension culturelle et les spécificités des clients étrangers doivent être intégrées dans l'analyse du comportement du consommateur : motivations d'achat, freins et environnement influançant la décision d'achat.

IV. La culture et le monde des affaires : les critères à prendre en compte

IMPORTANCE (pour l'interlocuteur du pays visé)	
– des délais, plannings et heures de rendez-vous.	
– du contrat, des écrits, du droit et règlements.	
– des déclarations verbales.	
– d'une tenue et présentation très « classique ».	
– de la familiarité rapide (tutoiement, usage du prénom...).	
– des témoignages d'hospitalité et de courtoisie (pratique régulière des cadeaux, des invitations au restaurant...).	
– des intentions sous-entendues, du « non-dit ».	
– du long-terme (tendance à la fidélité).	
– de l'image, du prestige, de la « face ».	
– du « jeu commercial » (marchandage, palabres).	
– de la distinction vie privée/vie professionnelle.	
– de l'usage des introductions et « relations ».	

Légende : – faible ou nulle ; + variable ; ++ grande ; +++ très grande, vitale.

L'APPROCHE DES MARCHÉS ÉTRANGERS : LA GRILLE D'ANALYSE CULTURELLE

Pays		
Histoire	**Faits marquants** **Dates principales**	
Géographie	**Localisation** **Climat** **Topographie**	
Institutions sociales	**Famille :** – Nucléaire – Étendue – Organisation – Rôles masculin et féminin **Éducation :** – Primaire – Secondaire – 3e cycle – Taux d'alphabétisation **Système politique :** – Structure – Partis politiques – Stabilité du gouvernement – Taxes spéciales – Rôle du gouvernement local **Système légal :** – Système judiciaire – Brevets, patentes, etc. **Organisations sociales :** – Groupes – Classes sociales – Clubs et associations – Ethnies et sous-cultures **Habitudes et pratiques des affaires**	

Pays		
Religion et esthétique	**Doctrines et structures** **Rapports entre personnes** **Religions prédominantes** **Cultures d'influence et de pouvoir**	
Esthétique	**Arts visuels** **Musique** **Théâtre, ballet, cinéma** **Folklore**	
Conditions de vie	**Régime et nutrition :** – Consommation de viandes, végétaux et céréales – Repas typiques – Taux de malnutrition – Aliments disponibles **Habitation :** – Types d'habitation – Propriétés et locations – Partagées ou non par plusieurs familles **Vêtements :** – Pour le travail – Pour la vie de tous les jours **Divertissements, sports, loisirs :** – Types disponibles et pratiqués – Pourcentage des revenus consacré **Système de santé**	
Langue	**Langue officielle** **Langues parlées et écrites** **Dialectes**	

LA VEILLE À L'INTERNATIONAL : PRINCIPE GÉNÉRAL

I. LE PROCESSUS DE VEILLE

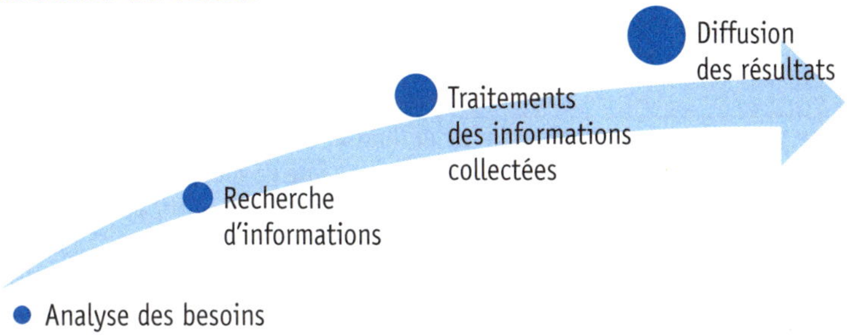

II. L'INTELLIGENCE ÉCONOMIQUE ET LA VEILLE

L'intelligence économique est une démarche globale qui intègre la veille stratégique, qui comprend différents types de veille. La veille est une démarche plus opérationnelle que l'intelligence économique qui est plutôt un concept.

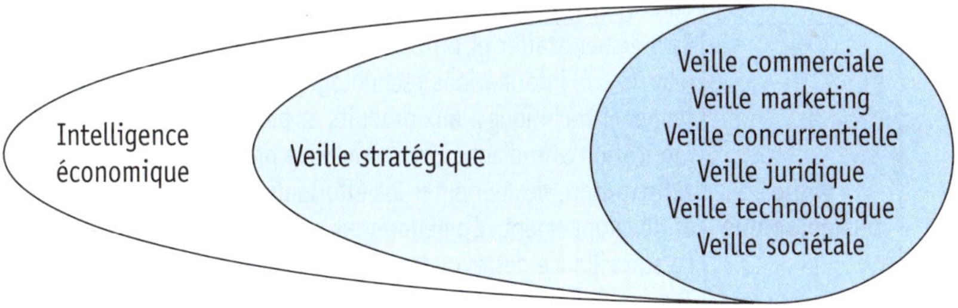

III. LES DIFFÉRENTS TYPES DE VEILLE

Types de veille	Objectifs	Éléments à surveiller
Veille commerciale	Rechercher, traiter et diffuser des renseignements relatifs à l'environnement commercial de l'entreprise en vue notamment d'observer l'évolution de la demande, d'identifier de nouveaux prospects et segments, connaître leurs attentes et leurs motivations, optimiser les achats...	Clients, prospects, circuits de distribution, fournisseurs...

Veille marketing	Rechercher, traiter et diffuser des renseignements relatifs au marché en vue notamment d'identifier de nouveaux marchés, de proposer de nouveaux produits…	Marchés, consommateurs, comportement et stratégies de concurrents.
Veille d'image	Rechercher, traiter et diffuser des renseignements relatifs à l'image, la notoriété de l'entreprise ou d'une marque en vue de mesurer la satisfaction des clients, la notoriété de la marque, d'un produit…	Retombées d'une campagne de communication, avis des consommateurs (sites Internet, forum)…
Veille concurrentielle	Rechercher, traiter et diffuser des renseignements relatifs à la concurrence en vue de mettre en place des stratégies commerciales plus efficaces, d'identifier des menaces… Les informations portent sur les cinq forces concurrentielles de Porter : rivalité entre les concurrents, menace des nouveaux entrants, menace des produits de substitution, pouvoir de négociation des clients et pouvoir de négociation des fournisseurs. La veille concurrentielle doit être couplée avec la veille technologique (innovation, avancées scientifiques et techniques) et la veille commerciale (pouvoir des clients et des fournisseurs).	Concurrents directs et indirects, actuels et potentiels, notamment à travers leur stratégie, leurs produits et services, leur politique de prix, leurs clients, les alliances…
Veille technologique	Rechercher, traiter et diffuser des renseignements relatifs aux informations technologiques, scientifiques et techniques, aux produits et procédés de fabrication afin d'anticiper l'arrivée de produits de substitution, de réorienter les efforts de recherche et développement, d'améliorer les procédés… La surveillance des évolutions dans les Nouvelles Technologies de l'Information et de la Communication (NTIC) permet d'améliorer le système d'intelligence économique.	Brevets, normes, évolutions des technologies…
Veille juridique	Rechercher, traiter et diffuser des renseignements sur la législation et la réglementation afin de pénétrer des marchés et d'anticiper tout changement…	Lois et décrets, jurisprudence, fiscalité…
Veille sociétale (ou sociopolitique ou environnementale)	Rechercher, traiter et diffuser des renseignements relatifs aux aspects socio-économiques, politiques, géopolitiques et socioculturels de la société afin d'anticiper les évolutions sociales, les menaces et opportunités à moyen et long terme…	L'évolution des mentalités, les mouvements sociaux…

FICHE 13

LA MISE EN ŒUVRE DE LA VEILLE INTERNATIONALE : LES SOURCES D'INFORMATIONS

Sources d'informations	Adresse des sites
Conseils dans les démarches à l'international, informations générales, politiques et économiques, statistiques, études sectorielles...	
Les conseillers du Commerce extérieur de la France	www.cnccef.org/frontoffice/index.asp
Euro Info Centre	www.grex.fr/EIC/eic.htm
Ministère français du Commerce extérieur	www.exporter.gouv.fr/exporter/
Ubifrance (Agence française pour le développement international des entreprises)	www.ubifrance.fr/Default.asp?Reload=796
Missions économiques	www.missioneco.org/me/
Directions régionales du Commerce extérieur	www.missioneco.org/drce/
L'association des CCI de France	www.acfci.cci.fr/
Chambre de Commerce international (en anglais)	www.iccwbo.org/
Ambassades et consultat français à l'étranger	www.expatries.diplomatie.fr/default.aspx?SID=12291
Étude de marché étrangers, étude-pays	
Mondissimo	www.mondissimo.com/f_url_fr/gauchepays.asp
Interex	www.interex.fr/fr
Export Helpdesk	export-help.cec.eu.int/thdapp/ComextServlet?languageld=FR
World Marketing Data and Statistics (en anglais)	www.euromonitor.com/default.asp?Page=RD&ID=2006
Exportall	www.euromonitor.com/default.asp?Page=RD&ID=2006

Annuaires internationaux et bases de données	
Le Kompass	www.kompass.fr
Business : répertoire d'entreprises réparties par catégories	www.business.com
Europages : annuaire européen des affaires	www.europages.fr
Francetelexport : répertoire des importateurs et exportateurs français	www.francetelexport.com
International Trade Centre : liens vers les sources d'informations commerciales par pays ou par thème (en anglais)	www.intracen.org
Tscentral : répertoire des foires commerciales dans le monde (en anglais)	www.tscentral.com
Connaître et couvrir les risques sur les marchés étrangers	
COFACE	www.coface.fr
Protection des produits, des marques, brevets, aide juridique	
Agence Française de Normalisation AFNOR	www.afnor.org
Organisation Internationales de Normalisation – ISO	www.iso.org
Institut National de la Propriété Industrielle – INPI	www.inpi.fr
Office Européen des Brevets – OEB	www.oeb.org
Jurisinternational : contrats commerciaux types à l'international	www.jurisint.org
Commercialisation des produits à l'étranger, statistiques sur le commerce extérieur, régimes douaniers, procédures de dédouanement...	
Le site de la douane	www.douane.gouv.fr
Ministère de l'Économie et des Finances MINEFI	www.minefi.gouv.fr/formulaires/ddi_oc.htm
Organisation mondiale des douanes	www.wcoomd.org
Sites institutionnels	
Organisation mondiale du commerce	www.wto.org/french/thewtho_f/thewto_f.htm
Site du commerce extérieur de l'Union européen – Europa	www.europa.eu/pol/comm/index_fr.htm

PARTIE 2

PROSPECTION ET NÉGOCIATION

La prospection à l'international : principe général

I. Définition et objectifs

A • Définitions

1. La prospection internationale est constituée de l'ensemble des actions qui vise à identifier de nouveaux clients potentiels et à les transformer en clients réels (prospection-vente) sur un ou plusieurs marchés étrangers.

2. On distingue trois types de prospection :

• **Prospection passive** : elle peut être assimilée à une opération de veille et à une prise de contact des prospects identifiés par courrier, téléphone, courriel…

• **Prospection active** : elle s'accompagne en plus d'un déplacement sur le marché étranger dans le cadre d'une mission export ou d'un salon.

• **Prospection offensive** : il s'agit ici d'une recherche d'informations pour les utiliser contre la concurrence (relevé de prix, étude produit…).

B • Objectifs

Objectifs stratégiques	– Mettre en œuvre ou renforcer le développement international de l'entreprise. – Collecte d'informations sur le marché visé.
Objectifs commerciaux	– Analyse des caractèristiques de la demande et étude du comportement des consommateurs afin d'adapter l'offre aux spécificités du marché étranger. – Trouver des partenaires commerciaux pour distribuer les produits de l'entreprise.
Objectifs financiers	– Identification des dépenses liées à la démarche de prospection sur le marché étranger. – Construction du budget de prospection. – Trouver des aides qui contribuent à réduire le coût de la prospection tout en garantissant un bon niveau de prestation.

II. Les techniques de prospection

A • L'identification des prospects

• On peut segmenter les prospects en fonction de leur intérêt pour une offre, ou de leur intention d'achat en différenciant des prospects chauds des prospects froids.

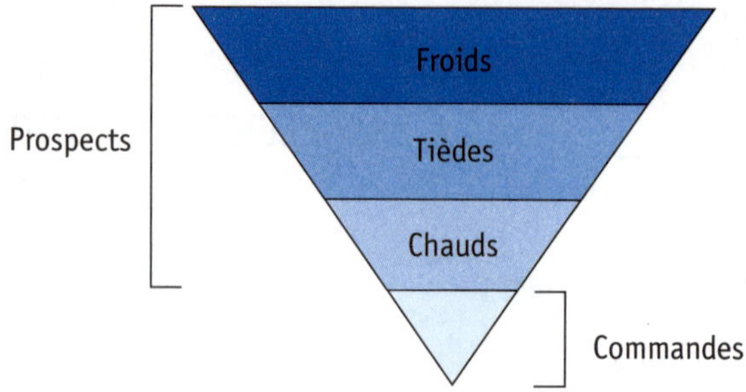

B • Les techniques

1. On distingue plusieurs techniques de prospection. La sélection d'une technique de prospection dépend essentiellement des objectifs et du budget dédiés aux activités de prospection.

2. L'utilisation du téléphone, du courrier, ou l'e-mailing permet de mettre en œuvre une prospection sans déplacement.

3. La participation à un salon ou encore l'organisation d'une mission nécessitent des moyens importants. Elles permettent la rencontre de professionnels sur place et l'identification des opportunités commerciales.

4. Ces techniques peuvent être combinées ou utilisées de façon isolée.

5. L'efficacité et le coût de ces techniques sont variables :

Techniques de prospection	Efficacité et rendement	Coût
Téléphone/courrier	–	–
e-mailing/Internet	– –	– –
Salons et foires	++	++
Missions	+	+

FICHE 15

LA PROSPECTION À L'INTERNATIONAL : LES ÉTAPES

I. ÉTAPE N° 1 : LA RECHERCHE DES PROSPECTS

La recherche se fait en deux étapes :

- Définition du profil de l'acheteur (caractéristiques générales de l'entreprise, caractéristiques commerciales, caractéristiques techniques).
- Constitution et présentation du fichier de prospection.

II. ÉTAPE N° 2 : LA PRÉPARATION DES OUTILS DE PROSPECTION

L'entreprise doit :

- préparer une documentation commerciale présentant l'entreprise et les produits (catalogues, cartes de visite, fiches produits, fiches de prospection/fiches des contacts...) ;
- élaborer un tarif et des conditions de vente export ;
- préparer les échantillons (sélectionner les produits et envisager les modalités d'acheminement) ;
- préparer l'entretien et l'argumentaire en tenant compte des spécificités du pays (approche culturelle, protocole des affaires).

III. ÉTAPE N° 3 : L'ORGANISATION MATÉRIELLE DE LA PROSPECTION

Il s'agit ici d'organiser les modalités pratiques de la prospection (date, choix du personnel envoyé en déplacement, aspects matériels du séjour, prise de rendez-vous, réservation d'emplacement, conception des stands...).

IV. ÉTAPE N° 4 : L'ÉLABORATION DU BUDGET DE PROSPECTION

Les principaux postes budgétaires sont constitués par :

- les frais de recherche d'information ;
- les frais d'élaboration de documentation ;
- les frais de préparation du matériel, de transport et assurance du matériel ;
- les frais de voyage et de séjour des personnes en déplacement ;
- la location de l'emplacement ;
- les frais de conception, d'aménagement et de fonctionnement du stand.

V. Étape n° 5 : la réalisation de la prospection

• **La prospection depuis le marché domestique. Elle repose sur les outils du marketing direct.** Elle permet d'atteindre directement le prospect auquel est présentée une offre.

• **L'organisation de missions de prospection.** Il s'agit de **déplacements de durée limitée** au cours desquels l'entreprise peut appréhender les conditions d'accès au marché, rencontrer des prospects, sélectionner des partenaires et choisir un mode d'implantation.

• **La participation à des manifestations commerciales.** Elle permet de présenter le produit, d'affirmer sa présence sur un marché et de développer son image, de rencontrer des partenaires potentiels, d'obtenir des informations sur la concurrence.

VI. Étape n° 6 : le suivi de la prospection

• Le suivi de la prospection se traduit par l'élaboration de fiches prospect établies sur le terrain.

• L'analyse qualitative et quantitative des résultats de la prospection doit être mise en œuvre. Si la prospection n'a pas validé les hypothèses des études de marché et n'a pas abouti aux contacts espérés, il convient d'en rechercher les motifs et d'envisager les actions correctrices. Si la prospection a validé les choix, il faut concrétiser les contacts.

L'ASSURANCE PROSPECTION COFACE

I. L'OBJECTIF

1. L'assurance prospection a pour objet d'accompagner la prospection commerciale des PME sur un pays, une zone ciblée ou large.

2. Le contrat d'assurance, conclu entre l'entreprise et la COFACE, se décompose en deux périodes :

- une **période de garantie** au cours de laquelle la COFACE prend en charge une partie des dépenses engagées dans les actions de prospection. L'entreprise perçoit des indemnités, calculées en fonction du bilan annuel de prospection ;

- une **période d'amortissement** au cours de laquelle l'assuré reverse les indemnités sur la base d'un pourcentage contractuel de ses recettes. Le reliquat non remboursé à l'issue du contrat reste acquis à l'entreprise. Le renouvellement de la garantie est accordé chaque année, à l'issue d'un examen du déroulement de la prospection. Les entreprises déposent leurs demandes auprès de la COFACE qui instruit l'ensemble des dossiers.

II. LES CARACTÉRISTIQUES

A • Montant couvert

1. Pendant la période de garantie, une indemnité est versée au vu des dépenses engagées et des recettes réalisées : elle peut représenter jusqu'à 65 % des dépenses non amorties.

2. Avance sur indemnité : si l'entreprise réalise un chiffre d'affaires global inférieur ou égal à 1,5 million d'euros, et moyennant une majoration de la prime, la COFACE peut verser, dès la signature du contrat, une avance sur indemnité.

B • Coût de l'assurance prospection

1. La prime est de 3 % du budget de prospection garanti.

2. En cas de mise en place d'une avance sur indemnité, la prime est majorée de 2 %.

C • Zones concernées

Le contrat peut garantir la prospection d'un ou de plusieurs pays étrangers, sous réserve d'un examen des perspectives de débouchés.

D • Entreprises éligibles

Entreprises françaises industrielles, commerciales ou de services ou groupements d'entreprises, chiffre d'affaires inférieur ou égal à 150 millions d'euros, les prestations, biens ou services, doivent être essentiellement d'origine française.

E • Durée du contrat

1. La durée de la période de garantie peut être de 1 à 4 ans.
2. Celle de la période d'amortissement est au moins égale à la précédente.

F • Champ d'application et modalités de la garantie

Ne sont retenus que les frais engagés par l'entreprise pour sa démarche de prospection de la zone garantie, frais différents de ceux qu'elle engage dans son activité habituelle ou frais supplémentaires par rapport à ces derniers.

Par exemple :

- *études de marché ;*
- *déplacements et frais de séjour à l'étranger des délégués de l'entreprise ;*
- *salaire de ces délégués pendant la durée de leurs déplacements ;*
- *service export : frais de création pour les besoins de la prospection et frais de personnel ;*
- *adaptation de produits aux normes, frais fixes d'agents locaux à l'étranger ;*
- *frais de fonctionnement d'un bureau ou d'une filiale commerciale ;*
- *frais de publicité ;*
- *création d'un site internet ;*
- *participation à des manifestations professionnelles à caractère international agréées par la COFACE ;*
- *conseils juridiques et fiscaux concernant les pays couverts ;*
- *frais de dépôt de marques ou de brevets ;*
- *frais de financement de l'action de prospection, etc.*

FICHE 17

EXEMPLE D'UN DOSSIER D'ASSURANCE PROSPECTION

I. LA SITUATION

La société JAMROZ souhaite prospecter le marché russe.

Elle convient avec la COFACE d'un contrat d'assurance prospection d'une durée de 5 ans (2 ans de garantie + 3 ans d'amortissement).

Le budget export global alloué à cette opération s'élève à 182 500 €.

Les recettes prévisionnelles sont estimées à :

Années	Budget export	Recettes
1	94 000	67 000
2	88 000	136 000
3	0	192 000
4	0	284 000
5	0	396 000

Les recettes se sont révélées être conformes aux attentes, en revanche les dépenses réellement engagées diffèrent :

Dépenses
87 000
95 000

Dans ce cas :

Puisque l'entreprise n'a pas dépensé son budget de la première année intégralement, la COFACE considère que le budget garanti de la deuxième année est égal à la différence entre le budget global et les dépenses de la première année (ici 95 000 euros).

Elle prendra en compte au maximum cette somme pour la deuxième année.

II. Le tableau d'amortissement

Exercices	1re année	2e année	3e année	4e année	5e année
Dépenses garanties	94 000	95 000	0	0	0
Dépenses réelles	87 000	95 000	0	0	0
Dépenses prises en compte	87 000	95 000	0	0	0
CA	67 000	136 000	192 000	284 000	396 000
Amortissement	4 690	9 520	13 440	19 880	27 720
Solde	82 310	85 480			
Quotité garantie	65 %	65 %			
Indemnités ou reversements	+ 53 501,50	+ 55 562	- 13 440	- 19 880	- 27 720
Primes	2 820	2 850			

La société aura dépensé, en 2 ans, 182 000 €. On lui a prêté 109 063,50 €, elle n'a remboursé que 61 040 €.
Elle a réalisé un CA sur 5 ans de 1 075 000 €. Pour pouvoir rembourser 100 % du prêt, il aurait dû réaliser un CA sur 5 ans de 1 696 050 € (reversement/0,07).
La COFACE leur a « offert » 48 023,50 €.

FICHE 18

LA POLITIQUE DE PRODUIT : LE CONCEPT DE PRODUIT

I. LES CARACTÉRISTIQUES DU PRODUIT

A • Définition

Un produit est une entité susceptible de satisfaire un besoin ou un désir. Le terme « produit » s'applique aussi bien à des biens matériels qu'à des services. Le produit se définit par : des caractéristiques **matérielles**, **fonctionnelles** (service qu'il rend) et **psychosociologiques** (image que le produit donne du consommateur). C'est aujourd'hui au niveau de ce que les entreprises ajoutent au produit que se situe la concurrence (qualité, technologie, après-vente, etc.).

B • Classification des produits

Produits de consommation	**Produits banals (consommation courante)**	Produits alimentaires (détruits par l'utilisation).
		Produits non alimentaires (détruits par l'utilisation).
	Produits anormaux	Produits non durables (destruction rapide) : parfumerie…
		Produits durables non techniques (destruction différée) : livres, vêtements…
		Produits durables techniques : électroménager…
Produits industriels		Produits d'équipement principal. Produits d'équipement accessoire. Produits intermédiaires. Matières premières. Fournitures.

C • Le cycle de vie du produit

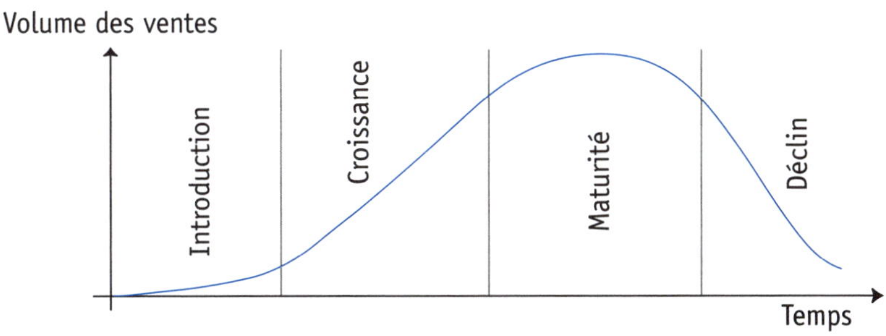

• Toutes les phases du cycle ne sont pas favorables au développement d'exportations.

• Les modalités d'exportation sont aussi susceptibles de varier au cours de la vie du produit (la phase 2, la croissance, peut être la plus propice pour exporter).

II. Les choix en matière de politique de produit internationale

A • Adaptation ou standardisation du produit

1. **L'adaptation** du produit au marché étranger visé permet de tenir compte du consommateur, du marché local et de leurs spécificités.

2. **La standardisation** permet d'offrir un même produit sur tous les marchés cibles, de bénéficier ainsi d'économies d'échelle et de diminuer les coûts.
Ce choix sera influencé par l'existence de réglementations propres à chaque pays (produit au sens strict) mais aussi par les habitudes de consommation (produit au sens large).

B • Gestion de la gamme de produits

1. La gamme est constituée par toutes les variétés de produits fabriqués et vendus par une entreprise. Une gamme peut être caractérisée par :

• sa **largeur** : nombre de lignes de produits offert ;

• sa **profondeur** : nombre de produits différents qui composent la ligne de produits ;

• son **étendue (ou longueur)** : nombre total de produits qui composent la gamme.

2. L'entreprise peut adopter deux démarches :

• **gamme longue** : pour couvrir le marché de la façon la plus complète possible ;

• **gamme courte** : concentrer son action sur un type de clientèle et obtenir une bonne position sur cette partie du marché.

3. Une gamme étroite permet de minimiser les coûts alors qu'une gamme large peut permettre d'augmenter les ventes.
Au sein d'une gamme, les produits ont des positionnements différents. On distingue ainsi :

• **les produits leaders** ;

• **les produits d'appels** ;

• **les produits tactiques.**

Le choix d'une gamme de produits à l'exportation doit tenir compte des exigences particulières en matière d'offre, des appréciations des consommateurs, des objectifs de pénétration du marché et des possibilités financières de l'entreprise.

LA POLITIQUE DE PRODUIT : LA SÉLECTION DES PRODUITS EXPORTÉS

L'exportation peut permettre à l'entreprise d'allonger la durée de vie de son produit en le vendant sur un marché où le niveau de vie, ou encore le stade de développement est différent.

I. LES OUTILS DE SÉLECTION DES PRODUITS

A • La matrice BCG

	Importante part de marché	Faible part de marché
Importante croissance du marché	**« Vedettes »** – s'autofinancent ; – contribuent à la croissance.	**« Dilemmes »** – revendiquent des financements externes ; – contribuent à la croissance.
Faible croissance du marché	**« Vaches à lait »** – fournissent des liquidités ; – contribuent faiblement à la croissance.	**« Poids morts »** – ne dégagent pas de profits ; – ne contribuent plus à la croissance.

B • Le modèle A.D. LITTLE (ADL)

Phase du développement (maturité) du secteur

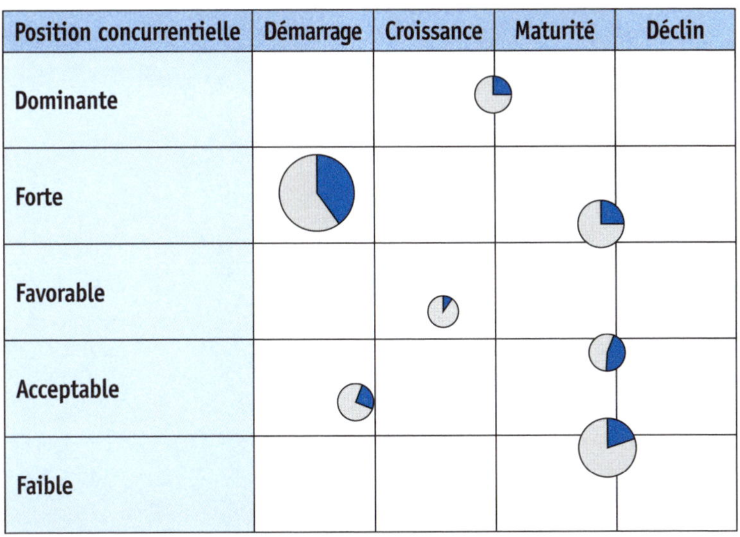

II. Le positionnement et le choix du produit export

A • Définition

Le positionnement traduit pour l'entreprise la façon dont elle veut que soit perçu son produit ou sa marque, pour la clientèle, c'est la façon dont elle perçoit le produit ou la marque.

B • Les étapes du positionnement

Les études de positionnement conduisent à l'élaboration de « cartes perceptuelles » ou *mapping* qui permettent à l'entreprise de savoir avec qui elle est en concurrence ainsi que les zones vides dans lesquelles l'introduction d'un nouveau produit pourrait être envisagée.

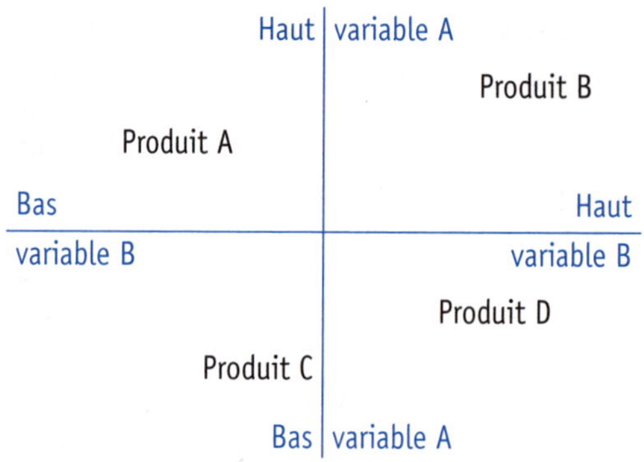

LA POLITIQUE DE PRODUIT : L'ADAPTATION TECHNIQUE DU PRODUIT

I. LES RÉGLEMENTATIONS ET LES NORMES

A • Définition

La norme est un document écrit qui fournit des spécifications techniques. Elle est élaborée par un organisme reconnu dans un cadre qui fait intervenir l'accord de toutes les parties concernées (industriels, pouvoirs publics, consommateurs).

B • Les objectifs de la normalisation

1. Objectifs de qualité.
2. Standardisation du langage technique.
3. Argument qualité au niveau commercial.
4. Réduction des coûts de revient.

C • Les normes obligatoires à l'export

Catégories	Caractéristiques	Producteur
Loi, décret, règlement, directive.	Réglementation destinée à assurer la sécurité, la santé, la protection de l'environnement.	- Administration nationale (loi, décret). - Autorités communautaires.
Norme technique obligatoire.	Norme établie par un organisme de normalisation et rendue obligatoire par l'Administration.	Comité européen de normalisation (CEN), AFNOR, British standard institute (BSI), American national institute (ANSI).

1. Le non-respect de ces prescriptions peut avoir entraîné l'interdiction de pénétrer le marché (si le contrôle a lieu avant la mise sur le marché) ou encore le retrait immédiat du produit.

2. Pour les spécifications techniques facultatives, leur non-observation n'a pas de conséquences juridiques mais peut entraîner un handicap commercial qui peut fermer le marché à l'entreprise.

D • Le processus de mise en conformité aux réglementations et aux normes

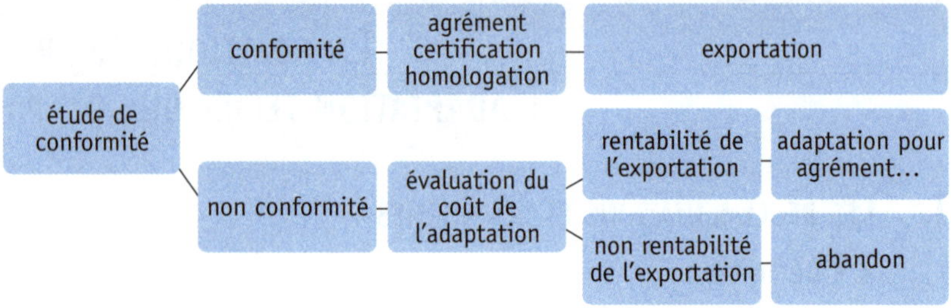

II. Les autres adaptations techniques

• Les habitudes consommation : le goût, le mode de consommation vont conduire à modifier la formule du produit ou son conditionnement.

• L'environnement physique : les conditions climatiques rendent indispensables certaines adaptations.

III. Les emballages

• **L'emballage** est constitué des enveloppes successives qui sont ajoutées au conditionnement. **Le conditionnement** est le premier contenant du produit. Dans le cas d'opérations d'exportation, on peut être amené à revoir l'emballage afin d'assurer des conditions satisfaisantes d'acheminement pour le produit. Un emballage défectueux peut présenter plusieurs risques :

- refus de prise en charge de la marchandise par le transporteur ;
- préjudice financier ;
- préjudice commercial.

• **La conception de l'emballage export** va dépendre :

- des caractéristiques du produit (nature et fragilité, sensibilité aux variations climatiques, possibilités de démontage) ;
- des réglementations (certaines contraintes sont liées au produit, produits alimentaires, matières dangereuses, d'autres sont liées au pays de destination) ;
- les choix logistiques de l'exportateur.

IV. La protection internationale des produits

• **Les brevets** : l'entreprise qui commercialise en France un produit protégé par un brevet délivré par l'INPI (Institut national de la propriété industrielle), ne bénéficie pas de protection sur d'autres territoires.

• **Les dessins et modèles** : les lois étrangères en matière de dessins et modèles présentant chacune des particularités, il est indispensable de se renseigner à l'INPI. La protection est valable 25 ans, prorogeable une fois.

FICHE 21

LA POLITIQUE DE PRODUIT : L'ADAPTATION COMMERCIALE DU PRODUIT

I. L'ADAPTATION DE LA DÉNOMINATION COMMERCIALE ET DE LA MARQUE

A • Le nom générique

Il qui permet de définir chaque produit peut faire l'objet d'une définition légale ou faire référence à un code d'usages professionnels.

B • La marque

C'est un signe matériel servant à identifier les produits et à les différencier de ceux des concurrents. Elle est aussi un outil de communication.

C • Les différentes possibilités

Plusieurs options s'offrent aux entreprises exportatrices :

1. renoncer à sa marque et commercialiser à l'étranger sous la marque de son distributeur ;
2. utiliser la marque employée en France ;
3. utiliser une marque conçue spécialement pour la vente à l'étranger.

Remarque : *La référence au pays d'origine peut être un avantage : les produits de luxe français.*

D • Les conditions

Une marque doit satisfaire à plusieurs conditions pour pouvoir être exportée :

1. être prononçable dans les différents pays d'utilisation ;
2. être facilement mémorisable ;
3. être appropriée et ne pas évoquer une image défavorable de l'entreprise et du produit ;
4. être disponible (ne pas faire l'objet d'une protection).

II. L'ADAPTATION DU CONDITIONNEMENT ET DU DESIGN

Le conditionnement des fonctions techniques (contenir et protéger le produit) et commerciales (présenter le produit, informer le consommateur et communiquer) afin de déclencher l'acte d'achat. L'esthétique va concerner à la fois le produit et le conditionnement.

Leur adaptation est nécessaire dans plusieurs cas :

- respect des habitudes locales ;
- prise en compte des contraintes de distribution ;
- intégration des contraintes de l'environnement ;
- respect des contraintes réglementaires ;
- amélioration de l'aspect du produit et du conditionnement afin de faciliter la vente et de permettre la différenciation du produit.

III. L'adaptation de l'étiquetage

La réalisation de l'étiquetage combine le respect de la législation en vigueur et la prise en compte des habitudes culturelles.

Les réglementations visent à protéger le consommateur en obligeant le producteur à lui transmettre toutes les informations requises pour qu'il choisisse en connaissance de cause. Elles indiquent les mentions à reprendre et parfois leur mode de formulation (emplacement, taille des caractères...), ce qui peut être source de modifications importantes et de coûts.

LA POLITIQUE DE PRIX

I. PRINCIPE

1. Le prix est une variable stratégique : en effet, le positionnement et l'image du produit vont dépendre du niveau de prix choisi. Les décisions relatives au prix sont souvent irréversibles : il est difficile de relever un prix, le baisser dévalorise l'image et exclut de le remonter ultérieurement.

2. Le prix influence la rentabilité : celle-ci va dépendre du prix de vente et du coût de revient. Le coût de revient est aussi fonction des quantités vendues et du prix.

II. LES STRATÉGIES DE PRIX

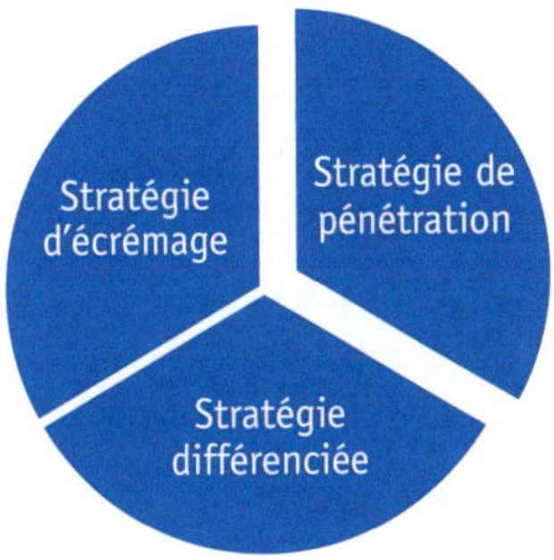

A • Typologie des stratégies

1. Stratégie de pénétration

L'entreprise décide de fixer des prix bas afin de conquérir une part importante du marché. La rentabilité est atteinte par la vente de quantités importantes tout en dissuadant les concurrents d'entrer sur le marché. La marge unitaire est faible.

2. Stratégie d'écrémage

Elle consiste à introduire le produit nouveau à un prix élevé. Le prix peut se réduire progressivement tout au long de son cycle de vie. Dans certains cas le prix restera élevé et l'entreprise continuera à le vendre à une clientèle limitée (produits de luxe).

3. Stratégie différenciée

L'entreprise propose une gamme de produits au sein de laquelle les niveaux de prix sont très variés. Cette stratégie permet de toucher une plus grande variété de segments de clientèle. Le prix ne doit pas être cependant le seul élément de différenciation.

B • La standardisation ou l'adaptation du prix

1. L'adaptation du prix à chaque marché étranger est la situation la plus fréquente.

2. La fixation du prix doit également prendre en compte les particularismes locaux (le niveau de vie par exemple).

3. Cette adaptation présente néanmoins des inconvénients : perturbations dans la perception du produit par le consommateur en particulier en termes de positionnement, risques de détournement, de trafic…

4. La politique de prix doit être cohérente avec l'ensemble des éléments du mix.

5. Le choix d'un mode de présence sur un marché étranger va avoir une influence sur la politique de prix (dans le cas d'une exportation indirecte par des importateurs par exemple, l'entreprise n'a aucune maîtrise du prix).

6. La fixation du prix à l'étranger peut être contrainte par les réglementations locales.

C • Les déterminants du prix à l'export

(*cf.* Gestion des opérations import-export)

1. Les incoterms.

2. Le transport.

3. Les assurances.

4. Les taxes et les droits de douane.

FICHE 23

LA NOTION DE COÛT DE REVIENT EXPORT

I. LE COÛT DE REVIENT EXPORT

A • Le coût de revient export départ France

Coûts de production des produits
+ Charges de fabrication
+ Frais d'adaptation/conditionnements
+ Coûts de distribution export (commercial)
+ Fonctionnement du service export
+ Documentations + Salons
+ Quote-part des frais d'administration générale (proportionnelle au CA export)
+ Frais financiers de couverture des risques et frais de communication spécifiques
= Coût de revient export complet
+ Marge commerciale nette
= PRIX DE VENTE EXW

B • La fixation du prix à partir des coûts

1. La méthode du coût variable (*cf.* Outils de gestion commerciale)

- Il s'agit ici de raisonner en termes de marge sur coûts variables ou de contribution au profit et aux frais fixes.
- La marge sur coûts variables est la différence entre le prix de vente et le coût variable unitaire du produit.
- Il faut ainsi déterminer le point mort, c'est-à-dire le niveau d'activité pour lequel les recettes de l'entreprise couvrent les coûts variables et l'ensemble des frais fixes.

II. LA MÉTHODE DU COÛT MARGINAL (*cf.* Outils de gestion commerciale)

L'entreprise disposant d'une capacité de production excédentaire et assurant grâce à ces commandes actuelles la couverture des frais fixes, peut fixer le prix d'offre de toute commande supplémentaire au niveau de son coût marginal. Le coût marginal est la variation du coût total engendrée par l'accroissement d'une unité de la production.

LA FIXATION DU PRIX À PARTIR DE LA DEMANDE

I. L'ÉLASTICITÉ PRIX DEMANDE

La sensibilité de la demande au prix est variable d'un marché à l'autre. Elle est généralement très faible pour des produits de base et forte pour les biens relatifs aux loisirs.

$$Ed/p = \frac{(CA2 - CA1)/CA1}{(P1 - P2)/P1}$$

• L'élasticité prix de la demande est nulle : dans ce cas, toute variation du prix n'a aucune incidence sur la variation de la demande adressée à l'entreprise.

• L'élasticité prix de la demande est faible (entre –1 et 1) : dans ce cas, une variation du prix se traduit par une variation moins importante de la demande.

• L'élasticité prix de la demande est forte (> –1 et 1) : dans ce cas, une variation du prix se traduit par une variation plus importante de la demande.

II. LE PRIX PSYCHOLOGIQUE

• Le prix psychologique est une méthode visant à maximiser la taille de la clientèle potentielle d'un produit donné en jouant sur la détermination du niveau de prix acceptable par le maximum de prospects.

• On détermine par tests sur un panel les bornes tarifaires inférieures et supérieures du produit :
- **borne inférieure** : au-dessous de ce prix, le panel ne juge pas le produit comme étant crédible (de qualité médiocre) ;
- **borne supérieure** : au-dessus de ce prix, le panel juge le produit comme étant trop cher.

• L'arbitrage entre prix et qualité permet de déterminer l'intervalle de prix qui permettra de séduire le maximum de gens. Cet intervalle sera donc logiquement privilégié.

• *Exemple :*

Niveau de prix	Prix trop élevé	Mauvaise qualité	Prix		Qualité		Taux d'acceptabilité
			%	% cumulés <	%	% cumulés >	
1 400	0	0	0	0	0	100	0
1 450	10	60	2	2	12	100	–2
1 500	25	83	5	7	17	88	5
1 550	30	102	6	13	20	71	16
1 600	54	87	11	24	17	51	25
1 650	59	69	12	36	14	34	31
1 700	90	51	18	54	10	20	27
1 750	97	32	19	73	6	10	17
1 800	75	16	15	88	3	3	9
1 850	60	0	12	100	0	0	0
Total	500	500	100		100		

Taux d'acceptabilité = 100 – (% cumulé croissant + cumulé décroissant)

Prix psychologique

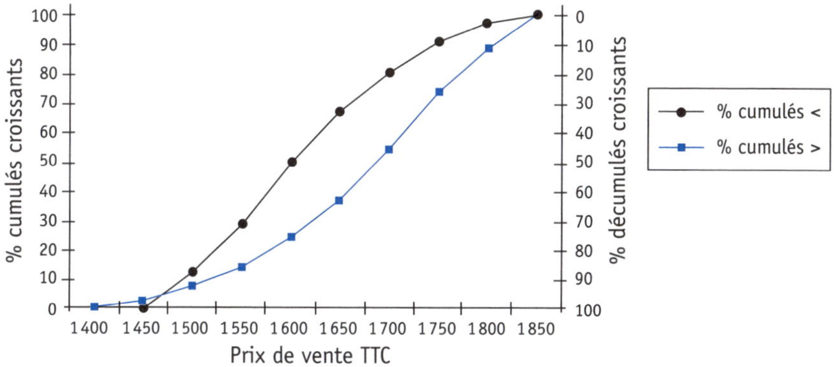

III. La prise en compte de la concurrence

• Fixer ses prix en fonction des prix des concurrents est une solution pour une entreprise qui manque d'informations à la fois sur ses coûts et sur le comportement du consommateur.

• Les prix des concurrents doivent être pris en compte dans la mesure où les différentiels de prix vont contribuer à déterminer les parts de marchés et la position concurrentielle des entreprises.

• Trois options s'offrent à l'entreprise :
  - politique de prix plus bas que les concurrents ;
  - politique d'alignement sur le prix des concurrents ;
  - mener une politique de prix plus élevés que la moyenne du marché.

FICHE 25

LES MODES DE PRÉSENCE : SÉLECTIONNER UN MODE D'ACCÈS AU MARCHÉ ÉTRANGER

L'entreprise doit d'abord choisir entre quelques grandes options pour organiser la présence de ses produits sur le marché étranger : présence industrielle ou commerciale, degré de maîtrise souhaité du réseau de vente. Ce n'est qu'ensuite qu'elle pourra déterminer la forme de présence la plus adaptée.

I. LE CADRE DE DÉCISION D'UN MODE DE PRÉSENCE

Ce choix va dépendre de plusieurs facteurs :

• **Les objectifs de l'entreprise :** objectif commercial, écouler un surplus de production, conquête durable de PDM, etc.

• **Les ressources et les compétences de l'entreprise :** il s'agit des ressources humaines, financières, techniques, de l'expérience de l'entreprise sur les marchés étrangers.

• **La nature du produit à vendre :** le produit est-il transportable ? périssable ? nécessité d'un SAV ?

• **Les contraintes et les opportunités économiques, juridiques, politiques et sociales du marché :** un marché étroit est incompatible avec une implantation lourde, fiscalité avantageuse, coût de la main-d'œuvre faible, obstacles tarifaires, etc.

II. LES CRITÈRES D'APPRÉCIATION D'UN MODE DE PRÉSENCE ET LES FORMULES

A • Les critères de choix

1. Le degré de contrôle : l'entreprise peut-elle exercer un contrôle ? Est-il possible de contrôler tout ou partie du marketing mix ? L'entreprise conserve-t-elle la maîtrise financière ? L'exportateur connaît-il sa clientèle finale ?

2. Le degré d'engagement : il se mesure par les ressources que l'entreprise consacre à sa présence sur un marché étranger (coût de la formule d'approche, durée de l'engagement, sécurité de l'investissement).

3. L'efficacité : mesure la capacité de la solution retenue à faciliter l'atteinte des objectifs, la pertinence du choix compte tenu du produit exporté (image, positionnement, SAV), la rentabilité du mode de présence.

4. Les possibilités d'évolution : l'exportateur va procéder par étapes face à un nouveau marché, et commence à aborder un marché en ayant recours à des intermédiaires.

5. Les opportunités : la rencontre de partenaires potentiels lors d'une manifestation économique, la réponse à un appel d'offres peuvent orienter le choix de l'entreprise vers tel ou tel mode de présence.

B • Les formules

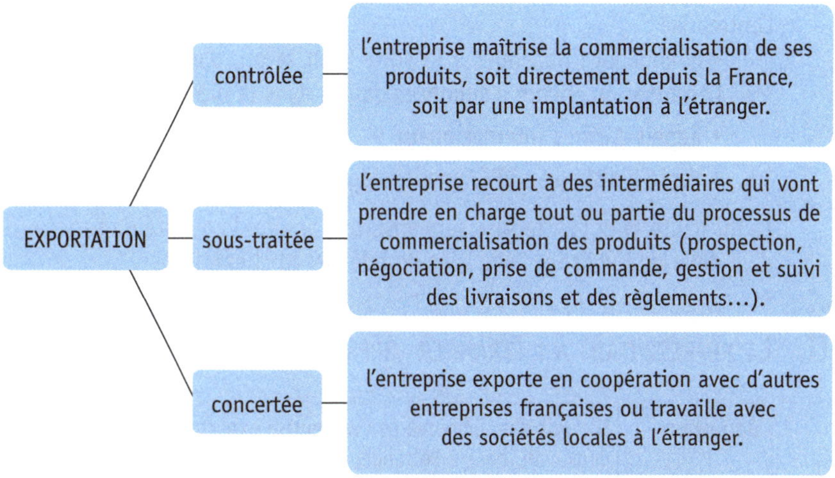

FICHE 26

LES MODES DE PRÉSENCE : L'EXPORTATION CONTRÔLÉE, LA REPRÉSENTATION DIRECTE

I. L'EXPORTATION DIRECTE

L'entreprise répond directement depuis la France aux demandes des clients étrangers. Ce mode de commercialisation correspond à trois types de situation pour l'entreprise :

- commandes obtenues à la suite d'un salon, d'une foire en France et à l'étranger ou encore d'annonces parues dans la presse professionnelle ;
- appels d'offres internationaux ;
- vente à distance : VPC, publipostages, offre commerciale par fax, e-mailing.

La difficulté pour l'entreprise sera ensuite d'assurer la qualité du service (respect d'un délai de livraison, SAV...) et de fidéliser la clientèle.

II. LE REPRÉSENTANT À L'ÉTRANGER (REPRÉSENTANT EXCLUSIF)

Définition	Il s'agit d'un employé de l'entreprise exportatrice, lié par un contrat de travail, basé à l'étranger ou dans le pays exportateur. Il est rémunéré par un salaire fixe auquel s'ajoute une commission.
Fonctions	Son rôle recouvre la vente, la prospection, la vente avec prise de commande et l'information de l'entreprise sur le marché et la clientèle.
Avantages	- Maîtrise de la commercialisation. - Bonne information sur le marché et la clientèle.
Inconvénients	- Gestion des commandes, livraisons, recouvrement par l'exportateur. - Gestion des risques par l'exportateur. - Sélection du représentant. - Difficulté de gestion. - Secteur limité. - Coût (salaires, charges sociales, avantages en nature, frais administratifs, de prospection, de promotion...)

III. Le bureau de vente/succursale

Définition	Il s'agit d'un service expatrié de l'entreprise pour assurer une présence locale sans personnalité juridique propre.
Fonctions	Son rôle recouvre la vente, la prospection, service continu auprès de la clientèle.
Avantages	- Au niveau commercial, la présence physique sur le marché permet de définir avec la société mère la politique commerciale et de la mettre en œuvre. Ce service assure la prospection, la vente. - Au niveau administratif, ce service transmet les commandes, organise le dédouanement, les livraisons locales, et assure le suivi des règlements.
Inconvénients	- Investissement lourd. - Choix difficile du responsable. - Risque financier à la charge de la maison mère.

IV. L'agent commercial

Définition	Il s'agit d'un mandataire qui, à titre de profession indépendante, est chargé de façon permanente de négocier et éventuellement de conclure des contrats de vente, d'achat, de location ou de prestations de service au nom et pour le compte de producteurs industriels, de commerçant, ou d'autres agents commerciaux. Il peut être une personne physique ou morale.
Fonctions	- L'agent n'achète pas la marchandise, il met en relation acheteur et vendeur. - Il prospecte la clientèle, négocie au nom de son commettant. - Il assure la promotion des produits. - Il est rémunéré par une commission sur les ventes réalisées. Cette commission se calcule le plus souvent sur le prix EXW ou FOB.
Avantages	- Coût proportionnel aux ventes. - Maîtrise de la politique commerciale par l'exportateur. - Connaissance du marché par l'agent.
Inconvénients	- Implication commerciale forte de l'exportateur. - Dépendance vis-à-vis des compétences de l'agent. - Difficultés de sélection. - Logistique et administration des ventes à assurer.

FICHE 27

LES MODES DE PRÉSENCE : L'EXPORTATION CONTRÔLÉE, LES FILIALES

I. LA FILIALE DE PRODUCTION

Définition	Unité de production installée à l'étranger, doté d'une raison sociale et d'une personnalité juridique propre, mais contrôlé par une autre société (société mère) qui possède tout ou partie de son capital.
Fonctions	Les filiales de production assurent en fait le plus souvent, en plus de la fabrication, la commercialisation des produits fabriqués dans le pays ou sur l'ensemble d'une zone géographique proche du lieu d'implantation.
Avantages	– Réduction des coûts de production. – Suppression des frais d'approches. – Accès aux marchés fermés. – Nationalisation des produits.
Inconvénients	– Investissement lourd. – Risques importants.

II. LA FILIALE DE DISTRIBUTION

Définition	Établissement stable à l'étranger, doté d'une raison sociale et d'une personnalité juridique propre, mais contrôlé par une autre société (société mère) qui possède tout ou partie de son capital.
Fonctions	– Une filiale de distribution se limite à acheter des produits à la maison mère pour les revendre et assure le stockage dans l'attente des ventes. – Elle gère le réseau de vente, l'anime et le contrôle. – Elle gère les commandes, les livraisons, la facturation et se charge du recouvrement des créances. – Elle assure le SAV. – Elle a le rôle d'importateur appartenant au fournisseur.
Avantages	– Maîtrise de tous les paramètres de la politique commerciale. – Bonne connaissance du marché, des clients et des concurrents locaux. – Naturalisation des produits. – Société de droit local aussi bien auprès des clients que des organisations professionnelles, administratives...
Inconvénients	– Investissement lourd. – Choix difficile du responsable résultant d'un choix stratégique. – Dépendance du droit local.

III. Synthèse des modes de présence contrôlée

Fiche 26
Fiche 27

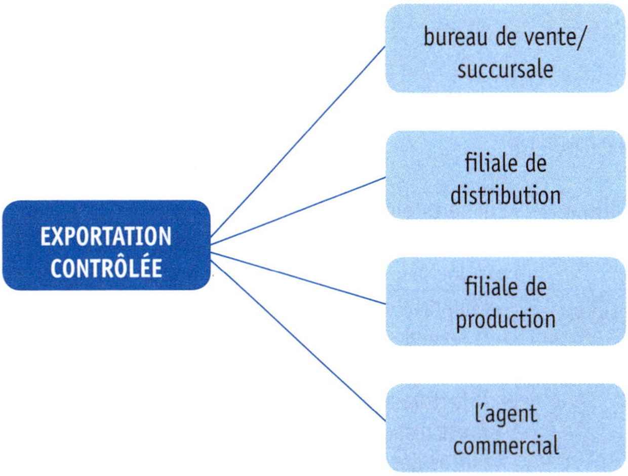

LES MODES DE PRÉSENCE : L'EXPORTATION SOUS-TRAITÉE

I. L'IMPORTATEUR

Définition	L'importateur est un commerçant qui achète et vend sous son propre nom les marchandises produites par l'exportateur. Il est rémunéré par une marge (différence entre prix d'achat et prix de vente).
Fonctions	– L'importateur achète la marchandise pour son propre compte. – Il revend sur son marché sans avoir à informer l'exportateur sur la clientèle finale. – Il facture aux clients locaux et assume le risque de non-paiement. – Il est responsable du SAV et doit pour cela disposer d'un stock de pièces détachées ou de matériel dont il assure le financement. – Il assure la promotion du produit à ses frais.
Avantages	– Prise en charge de la prospection. – Prise en charge de la distribution. – Simplification des opérations logistiques.
Inconvénients	– Fait écran entre l'exportateur et le marché. – Perte de la maîtrise de la politique commerciale. – Risque de non-paiement de l'importateur. – Dépendance vis-à-vis de la performance de l'importateur.

II. L'IMPORTATEUR EXCLUSIF/CONCESSIONNAIRE

Définition	L'importateur ou concessionnaire exclusif achète et revend, se rémunère par une marge. Cependant le contrat qui le lie à l'exportateur lui impose des obligations d'information et de service à l'égard de celui-ci, en contrepartie de l'exclusivité territoriale. L'exportateur retrouve ainsi la maîtrise de la commercialisation. L'importateur va pouvoir aider l'exportateur dans la définition du marketing mix sur le marché local. Une élaboration concertée du plan marketing motivera l'importateur.
Fonctions	– Elles sont définies dans le contrat de concession. – Sur le territoire concédé, le concessionnaire doit assurer la diffusion du produit. – Il est souvent tenu de vendre une quantité minimum (quota). – Il doit assurer la promotion et la publicité de la marque et des produits, entretenir un stock de produit, assurer le SAV, et informer le producteur.

Avantages	- Prise en charge de la prospection. - Prise en charge de la distribution. - Simplification des opérations logistiques.
Inconvénients	- Fait écran entre l'exportateur et le marché. - Perte de la maîtrise de la politique commerciale. - Risque de non-paiement de l'importateur. - Dépendance vis-à-vis de la performance de l'importateur.

III. Les autres intermédiaires

Les intermédiaires propriétaires	**Le négociant exportateur**	Commerçant indépendant qui achète et vend en son nom propre et pour son propre compte. Il assure entièrement la commercialisation (aspect logistique de l'exportation et tous les risques).
	Les SCI	Elles agissent comme des négociants exportateurs, achètent ferme les produits qui les intéressent pour les revendre sur les marchés étrangers après y avoir ajouté leur marge.
Les intermédiaires non propriétaires	**Le commissionnaire (à l'achat ou à la vente)**	Le commissionnaire est un commerçant qui agit pour son propre nom ou sous nom social, pour le compte d'un commettant. Le commissionnaire à la vente a pour commettant un producteur français. Le commissionnaire à l'achat agit pour le compte d'un commettant étranger pour lequel il fait des achats en France. Le commissionnaire se charge de la prospection, de la vente ou de l'achat, de l'expédition des marchandises, des formalités, de la facturation. Le commissionnaire exportateur peut être « ducroire » et ainsi garantir le paiement au fournisseur. Il perçoit alors une commission supplémentaire.
	Le courtier	C'est un commerçant indépendant, dont le rôle est de mettre en rapport un offreur et un demandeur.
	Le consignataire	Il s'agit d'une forme particulière d'agent importateur qui n'achètera la marchandise de l'exportateur que lorsque celle-ci aura été livrée et payée par le client. Cette formule évite à l'importateur de financer son stock, d'assumer les frais et les risques de sa commande.

IV. Les sociétés d'accompagnement à l'international

Définition	Ce sont des sociétés de service qui remplissent l'ensemble des fonctions du service port d'une entreprise, en agissant pour le compte de son mandant.
Fonctions	Les sociétés offrent des services commerciaux et des services administratifs. Les entreprises peuvent utiliser tout ou partie de ces services moyennant un abonnement mensuel, variable selon les produits et les pays concernés, plus une commission proportionnelle au chiffre d'affaires réalisé à l'export.
Avantages	- Coût limité. - Intéressant pour les entreprises ne disposant pas de service export.
Inconvénients	- Le risque encouru par des PME recourant à cette formule est alors de sous-traiter leur exportation à la SAI et de retarder la création d'un service export propre. - Par ailleurs, un dialogue permanent est nécessaire entre la SAI et les différents services de l'entreprise, en particulier les services de production, ce qui est parfois difficile à réaliser.

V. Les bureaux d'achat étrangers en France

Définition	Il s'agit de succursales ou de filiales d'entreprises étrangères implantées en France (grands magasins, groupes de distribution, entreprises industrielles).
Fonctions	Ces bureaux recherchent des fournisseurs français de produits adaptés aux besoins et aux goûts des consommateurs de leur pays d'origine.
Avantages	- Évite au fabricant de prospecter les marchés étrangers. - Prend en charge toute la logistique de l'exportation (il s'agit donc plus d'une vente en France qu'à l'étranger). - Cette formule assure une présence du produit sur un marché étranger et, dans la mesure où le fabricant ne doit pas abandonner sa marque au profit de celle du distributeur, elle permet d'acquérir une certaine notoriété. - Permet un certain apprentissage du marché étranger, en particulier des contraintes applicables au produit (adaptation du produit, de l'emballage, de l'étiquetage, test du produit...).

Inconvénients	– Référencement est souvent difficile, car il faut proposer : un « bon » produit, original et adapté au consommateur, un prix compétitif, la garantie de livrer des produits de qualité homogène, en quantités importantes et à dates impératives. – Les marchés obtenus sont rarement stables. Après un contrat d'essai, l'exportateur pourra obtenir d'autres commandes plus importantes et suivies s'il donne satisfaction (respect de la qualité et des délais). Mais les bureaux recherchent surtout la nouveauté et les quantités ne sont pas toujours considérables. Enfin, en cas de modification de la demande, le marché pourra ne pas être renouvelé.

VI. Les transferts de technologie

Définition	On appelle transfert de technologie la cession de droits de propriété industrielle ou de savoir-faire. Les transferts de technologie peuvent prendre deux formes : la cession de brevet, la cession de licence.
Fonctions	Cette forme de pénétration indirecte des marchés étrangers se justifie lorsque des exportations directes ne sont pas possibles.
Avantages	– Peu d'investissement. – Pas de risque commercial. – Présence sur des marchés fermés. – Améliore la situation financière.
Inconvénients	– Perte de contact avec le marché. – Suscite sa propre concurrence. – Difficulté trouver le bon partenaire. – Contrat équilibré difficile à établir.

VII. Synthèse

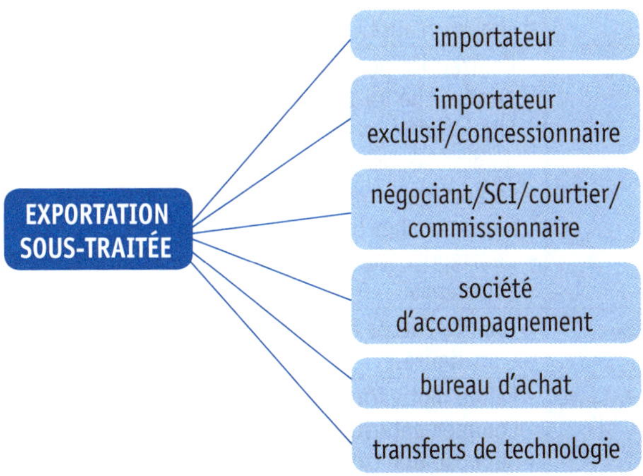

FICHE 29

LES MODES DE PRÉSENCE : L'EXPORTATION CONCERTÉE, LE PARTENARIAT

I. LES GROUPEMENTS D'EXPORTATEURS

Définition	Il s'agit, pour plusieurs entreprises, de mettre en commun tout ou partie de leur activité exportatrice afin de bénéficier d'effets de synergie.
Fonctions	Les fonctions du groupement sont variables : recherche et échange d'informations, prospection, commercialisation des produits et éventuellement, service export en temps partagé. En général, la gestion des ventes et le service après-vente restent du ressort des membres du groupement clientèle.
Avantages	– La mise en commun des moyens financiers et humains, le partage des coûts. – L'acquisition d'un pouvoir de négociation plus grand que celui de chaque membre isolé.
Inconvénients	– Non-concurrence et/ou complémentarité des produits. – Nombre limité de participants, variable selon la taille et l'activité du groupement (environ une dizaine). – Homogénéité des participants, du point de vue de la taille, de la situation financière. – Règles de fonctionnement strictes.

II. LE PORTAGE OU LE PARRAINAGE

Définition	Il s'agit de la mise à disposition de PME par un grand groupe, de son réseau commercial étranger, moyennant une commission sur le chiffre d'affaires réalisé.
Fonctions	– L'entreprise porteuse joue un rôle de conseil auprès de l'entreprise portée. Elle lui permet d'accélérer son apprentissage du marché. Elle lui offre sa notoriété, son savoir-faire et sa connaissance du marché local. – Le portage permet à des PME d'accéder, à un coût modéré, à des marchés lointains et difficiles. – L'entreprise porteuse peut ainsi mieux rentabiliser son réseau commercial.
Avantages	– Facilite l'accès à des marchés difficiles. – Coût limité.
Inconvénients	– Faible motivation des filiales de grands groupes. – Complémentarité des produits nécessaire. – Suppose une capacité de production et de suivi commercial

FICHE 30

LES MODES DE PRÉSENCE : L'EXPORTATION CONCERTÉE, LA FRANCHISE

I. LA FRANCHISE

Définition	Il s'agit pour entreprise de céder à une ou plusieurs entreprises, en contrepartie d'une redevance, le droit de se présenter sous sa raison sociale et sa marque, pour vendre des produits ou services. Les contrats de franchise s'accompagnent d'une assistance technique, d'une communication de savoir-faire, mais pas d'exportation de marchandises. Une entreprise « franchiseur », disposant d'un produit original et d'un ensemble d'éléments immatériels, le « savoir-faire » (enseigne, marque, réputation, méthodes de gestion ou de fabrication...), s'associe à des franchisés, commerçants juridiquement indépendants, qui apportent pour leur part des éléments matériels (capitaux, locaux, savoir vendre) et exploitent leur fonds de commerce à leurs risques et périls...
Fonctions	On distingue habituellement trois types de franchise : - **La franchise de distribution** (vente de produits) : le franchiseur cède un savoir-faire commercial et de gestion, ainsi qu'une forte notoriété. Ses produits sont commercialisés par le réseau de franchisés. Les franchisés exploitent le point de vente selon les méthodes commerciales élaborées par le franchiseur. Ils s'engagent à ne vendre que les produits sous l'enseigne du franchiseur. - **La franchise de service** : le franchiseur cède un savoir-faire en matière de prestations de services (hôtellerie, restauration, photocopie...). Le plus souvent ce type de franchise s'accompagne d'une standardisation qui pourra conduire à l'importation de produits depuis le pays d'origine du franchiseur. - **La franchise industrielle** (fabrication de produits) : le franchiseur cède le droit d'utiliser son nom et le savoir-faire technique permettant de fabriquer le produit. Cette formule se combine donc le plus souvent avec une cession de licence de fabrication. Dans cette formule, le franchiseur conserve un contrôle important sur les franchisés en leur fournissant un composant essentiel du produit, ce qui assure une maîtrise des quantités produites et de leur qualité.

Avantages	- Internationalisation rapide. - Investissement limité. - Risque limité. - Accroît la notoriété de l'entreprise.
Inconvénients	- Contrôle difficile. - Animation difficile. - Contrôle équilibré difficile à établir.

II. Les joint ventures (co-entreprises)

Définition	Les joint-ventures ou opérations conjointes ou encore co-entreprises, se rapportent soit : - à une création en commun, par deux partenaires de nationalité différente, d'une société industrielle ou commerciale ; - soit à la prise de participation significative dans le capital d'une société étrangère implantée sur le marché d'exportation visé, par une entreprise exportatrice nationale.
Fonctions	La formule cumule les avantages d'une implantation directe (qui s'impose pour bon nombre de produits et de pays, à la fois pour des raisons techniques et psychologiques) et de l'exportation indirecte (le partenaire connaît les habitudes commerciales, dispose d'un réseau de distribution...).
Avantages	- Gain de temps et d'expérience. - Partage de l'investissement. - Naturalisation de l'entreprise.
Inconvénients	- Risque de conflits d'intérêt. - Montage juridique difficile.

FICHE 31

LA POLITIQUE GÉNÉRALE DE DISTRIBUTION

L'étude de la distribution locale doit permettre à l'entreprise de définir sa politique commerciale sur le marché étranger visé. L'étude des canaux de distribution va permettre à l'entreprise de définir le réseau de vente à mettre en place.

I. LES CHOIX EN MATIÈRE DE DISTRIBUTION

A • Le circuit et le canal de distribution

1. Le canal de distribution est l'ensemble des intermédiaires qui interviennent pour amener le produit du producteur au consommateur final.

2. Le circuit de distribution est constitué par l'ensemble des canaux utilisés pour distribuer un bien.
Les canaux de distribution se distinguent traditionnellement, selon leur longueur : les **canaux longs** (plusieurs intermédiaires), les **canaux courts** (un seul intermédiaire), les **canaux directs** (pas d'intermédiaire).

B • La taille des canaux

Canal direct

Canal court

Canal long

II. La stratégie de distribution

On distingue trois types de stratégie qui peuvent être envisagées par l'entreprise.

A • La distribution intensive ou de masse

Elle consiste à vendre à tout commerçant qui souhaite revendre le produit. Elle vise une présence dans le nombre maximum de points de vente. Le fabricant espère par cette présence réaliser un fort chiffre d'affaires et atteindre une part de marché élevée.

B • La distribution sélective

L'entreprise limite le nombre de détaillants en espérant établir avec eux une meilleure coopération. La sélection des revendeurs se fait à partir de critères tels que leur surface financière, leur taille, leur image, leur dynamisme, la qualité de leurs services et les autres produits de l'assortiment.

C • La distribution exclusive

Elle n'autorise qu'un seul commerçant d'une zone donnée à commercialiser le produit. Le fabricant s'engage à ne pas livrer d'autre distributeur dans la zone concernée. Le distributeur s'engage à ne pas commercialiser d'autres produits de la même famille en provenance d'autres fabricants. On parle aussi de concession. Le producteur a ainsi un excellent contrôle de la distribution, dont il espère un effort de vente plus important, mais il limite ainsi sa part de marché. Le distributeur réalise une marge bénéficiaire stable et confortable. Le contrat de franchise est une forme particulière de distribution exclusive.

Les structures de la distribution

I. Le commerce indépendant

• Il s'agit d'entreprises familiales, avec une surface financière faible, des prix pratiqués supérieurs à ceux qu'offrent les autres formes de distribution.

• Le commerce indépendant dispose d'atouts pour faire face à la concurrence des nouvelles formes de distribution : une forte spécialisation de l'assortiment – un service important à la clientèle (proximité, conseil, horaires d'ouverture...).

• La pénétration d'un marché étranger par le commerce indépendant complique l'approche, renforce la complexité des problèmes logistiques. Un succès au niveau du commerce indépendant peut donner une bonne image au produit et créer un appel auprès des autres formes de distribution.

II. Le commerce associé

• Il s'agit de détaillants indépendants qui s'associent en réaction à l'importance accrue des grandes entreprises de commerce.

• Ils obtiennent grâce à leur association : un renforcement du pouvoir de négociation envers leurs fournisseurs, une rationalisation des approvisionnements, des possibilités accrues de développement, une image commerciale renforcée.

On distingue plusieurs formes de commerce associé :

A • Les groupements d'achat de détaillants

Le groupement effectue des achats groupés qu'il refacture aux détaillants. Il joue le rôle de centrale d'achat, mais il propose aussi d'autres services à ses adhérents (stockage, aide à la gestion, formation, aides au financement, création de marques communes à l'ensemble des adhérents...).

B • Les chaînes volontaires

Elles sont constituées par plusieurs grossistes et des détaillants sélectionnés. Elles assurent la coordination des fonctions de gros et de détail et organisent en commun l'achat et la vente. Les associés d'une même chaîne exploitent en général une enseigne commune.

C • Les franchises de distribution

La franchise est un système de distribution selon lequel une entreprise indépendante est dirigée comme si elle était un élément d'une vaste organisation avec une marque nationale, une enseigne, des équipements, des produits et des services standards.

III. Le commerce intégré

Il s'agit d'une forme de commerce dans laquelle l'entreprise cumule les fonctions de gros et de détail. Une centrale d'achat réalise les achats pour le compte des points de vente. Le fournisseur n'a donc qu'un seul interlocuteur et doit être référencé par la centrale pour que son produit soit présent dans les points de vente. La vente par ce mode de distribution constitue un choix durable de politique commerciale et doit être fait en fonction du contexte local et des objectifs du fournisseur. Le commerce intégré regroupe de multiples formes de commerce.

A • Les grands magasins et les magasins populaires

Le grand magasin est une forme de commerce de détail offrant dans un même lieu diverses catégories de marchandises groupées sur des rayons, avec des assortiments suffisamment complets pour que chaque rayon constitue un magasin spécialisé. Le poids des grands magasins est variable selon les pays. Les magasins populaires sont à l'origine des établissements à commerces multiples, avec un important rayon alimentaire, en libre-service, à des prix très compétitifs.

B • Les magasins à succursales multiples

Ce sont des sociétés commerciales possédant plusieurs magasins de vente au détail (au moins 10), dont les gérants sont salariés. La gestion des points de vente est centralisée, les approvisionnements ont lieu en circuits courts.

C • Les grandes surfaces et le discount

Les grandes surfaces sont des magasins de vente au détail, de grande dimension, offrant à prix compétitif, en libre-service, un large assortiment de produits alimentaires et non alimentaires (hypermarché), ou l'ensemble des produits alimentaires avec une part plus ou moins importante de marchandises générales d'achat courant (supermarché). Le discount se caractérise par une surface réduite (600 m^2 en moyenne), un assortiment court (environ 600 références), des prix de 25 à 40 % moins élevés que les marques nationales, l'absence de service.

D • Les coopératives

Les coopératives sont des exploitations commerciales constituées par des consommateurs qui deviennent ainsi leur propre fournisseur. N'ayant pas un but capitaliste, les coopératives reversent une partie de leurs bénéfices aux coopérateurs.

E • Les entreprises de vente par correspondance et à distance

Le secteur de la VPC est constitué d'entreprises de distribution qui, par l'intermédiaire d'une centrale d'achat, se procurent auprès de multiples fournisseurs les produits offerts à la clientèle. Leur offre est présentée sur des supports variés (catalogue, site Internet, etc.).

FICHE 33

L'ANIMATION DES RÉSEAUX DE VENTE

Les techniques d'animation d'un réseau de vente sont multiples et s'appuient toutes sur la motivation des partenaires commerciaux. L'internationalisation de l'entreprise rend plus complexe l'animation de son réseau de vente.

I. L'ACTION SUR LA FORCE DE VENTE

A • Favoriser la motivation de la force de vente

La force de vente est constituée par l'ensemble du personnel commercial chargé de la vente et de la stimulation de la demande. Pour le personnel expatrié, c'est essentiellement l'éloignement qui posera des problèmes spécifiques d'animation. Sur le plan local, ce sont les différences culturelles dans les pratiques de management qui poseront problème.

On distingue plusieurs outils au service de la motivation :

- la formation ;
- la rémunération ;
- le plan de carrière ;
- le style de management.

B • Fixer des objectifs à la force de vente

La fixation des objectifs est un outil de management et de motivation. L'objectif fixé doit alors être :

- mesurable : on peut apprécier quantitativement les progrès accomplis ;
- accessible : il ne doit pas être perçu comme trop ambitieux ;
- logique : il doit tenir compte de la conjoncture, des résultats antérieurs ;
- individualisé : il doit correspondre à une responsabilité bien définie.

C • Stimuler la force de vente

Les outils de la stimulation sont également variés. On distingue les outils suivants :

- les encouragements ;
- les primes ponctuelles ;
- les concours de vente ;
- les challenges.

II. L'ACTION SUR LA REPRÉSENTATION LOCALE

L'animation de la représentation locale repose essentiellement sur trois actions : informer, assister et motiver financièrement.

A • Information

L'information va contribuer à donner des indications techniques et commerciales au réseau mais va également assurer une certaine « présence » de l'exportateur auprès de ses représentants locaux.

On peut retenir plusieurs supports pour cette information :

- la documentation ;
- les bulletins d'information ;
- les visites sur place ;
- les invitations ;
- les réunions d'agents.

B • Assistance

L'assistance peut prendre des formes variées :

- assistance commerciale ;
- assistance publicitaire et promotionnelle ;
- assistance technique.

C • Motivation financière

La motivation financière va dépendre :

- du contrat (exclusivité ou non) ;
- de la rémunération de l'intermédiaire : montant des commissions versées aux intermédiaires (l'importateur, comme l'agent commissionné, recherche la rentabilité de son activité).

III. L'ACTION SUR LES DISTRIBUTEURS

Il faut distinguer ici deux types d'action :

- **Action indirecte :** l'entreprise exportatrice pourra aider ses intermédiaires sur les marchés locaux en leur fournissant son expérience, des moyens promotionnels et du personnel.

- **Action directe :** les moyens d'action (primes, concours, challenges…) identiques à ceux utilisés sur le marché national, sont à choisir et à adapter en fonction des habitudes locales.

FICHE 34

LA POLITIQUE DE COMMUNICATION : PRINCIPE GÉNÉRAL

La communication regroupe tous les signaux émis par l'entreprise en direction de son environnement (clients, prospects, distributeurs, prescripteurs, État...).

I. LA DÉFINITION D'UNE STRATÉGIE DE COMMUNICATION

A • Les types de communication

On distingue quatre types de communication.

Communication d'entreprise	– Elle a un objectif informatif. Elle a pour but d'informer les partenaires de l'entreprise (fournisseurs, actionnaires, personnel, investisseurs...).
Communication institutionnelle	– Elle a pour but de faire connaître au public et à son personnel le système de valeurs de l'organisation.
Communication de marque	– La marque a pour but de guider le choix des acheteurs face à des produits banalisés en ajoutant une information à celle véhiculée par les caractéristiques du produit.
Communication de produit	– Son objectif est d'exposer les qualités du produit en faisant valoir ses caractéristiques techniques, ses performances ou l'avantage lié à son achat.

B • Les techniques de communication

II. Le choix d'une stratégie de communication

A • Les critères de choix

Le choix des différents modes d'action sera fonction de quatre facteurs :

- la nature du produit exporté (bien industriel, service, bien de consommation...) ;
- le degré d'internationalisation de l'entreprise ;
- le mode d'accès au marché étranger ;
- les objectifs de communication commerciale (objectif de PDM, prospection de nouveaux clients, fidélisation...).

B • Les objectifs de la communication commerciale

La communication commerciale a trois objectifs :

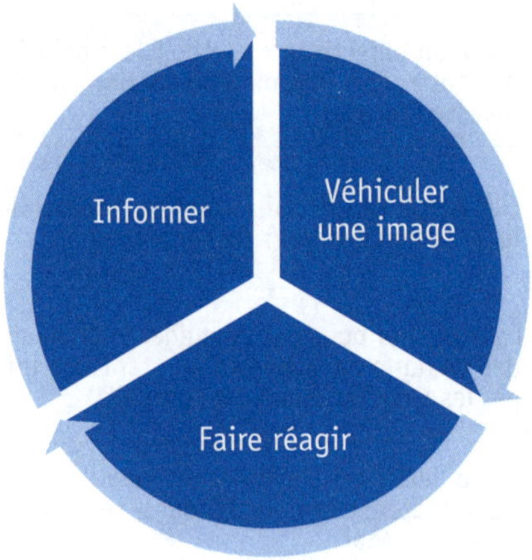

C • Les options stratégiques : standardisation/adaptation

• La standardisation de la politique de communication internationale de l'entreprise se traduit par l'utilisation d'une communication identique dans tous les pays ou dans une zone géographique (Europe par exemple).

• L'adaptation se traduit par la définition et la mise en œuvre d'une politique de communication spécifique pour chaque marché national.

FICHE 35

LA COMMUNICATION PUBLICITAIRE PAR LES MÉDIAS

La publicité par les médias est une forme de communication particulièrement adaptée pour confirmer la notoriété d'un produit ou d'une marque, mettre en valeur une caractéristique d'un produit ou d'une marque, construire une image.

I. LA CRÉATION PUBLICITAIRE

A • Les techniques de création et les contraintes internationales

1. Les techniques de création utilisées sont souvent les mêmes d'un pays à l'autre. Elles reposent sur certains concepts fondamentaux de la communication. Le publicitaire doit, dans le processus de création, tenir compte du signifiant (l'expression), du signifié (le contenu) et de la connotation.

2. Le publicitaire travaille sur des signes (mots, formes, images, concepts...) et sur des images mentales (tout événement mental entraînant la visualisation d'un concept ou d'une relation). La prise en compte des différences culturelles est indispensable. Les significations symboliques des couleurs, des fleurs, des animaux, des objets... varient selon les pays.

3. La perception de la publicité, son acceptation par les consommateurs est variable selon les pays.

B • La stratégie de création

Copy stratégie			
Une promesse	Une preuve	Un bénéfice	Un ton

Remarque : *Les entreprises ont généralement recours aux agences pour la réalisation d'une campagne publicitaire. Parmi les agences internationales on trouve : Mc Cann Erikson (agence de Coca-Cola), Saatchi & Saatchi, Publicis (agence de Dim), EuroRSCG (agence de Citroën)...*

II. LES MÉDIAS ET LES SUPPORTS

A • Les différents médias et supports

1. Le choix des médias (cinéma, affichage, radio, télévision, presse) et des supports (pour la télévision en France : TF1, France 2, France 3, Canal +, M6...) est

une décision stratégique. En effet, leur rôle est de transmettre le message avec le plus d'efficacité possible aux cibles visées.

2. Le choix des médias et des supports doit être cohérent avec l'objectif de communication retenu. Certains médias sont mieux adaptés que d'autres à certains objectifs. Le message est codé différemment selon le média et le support.

3. Le choix d'un média va dépendre de la couverture de la clientèle, de la disponibilité du média, de la faisabilité (création et réalisation technique, budget).

B • Le choix d'un support

On distingue différents critères dans le choix d'un support :

1. L'audience du support(1) : c'est le nombre de personnes ayant été en contact avec ce support au cours d'une période de référence. Elle se mesure par le nombre d'occasions de voir ou d'entendre (ODV, ODE).

2. L'audience utile du support(2) : c'est le nombre de personnes de la cible choisie ayant été en contact avec le support au cours d'une période donnée. On appelle « affinité »(4), le rapport entre l'audience utile et l'audience totale d'un support.

3. Le coût du contact utile(3) : c'est le rapport entre l'audience utile et le prix de l'espace publicitaire.

Exemple :

Support	Support n° 1
Audience(1) (milliers de lecteurs)	10 000
Audience utile(2) (nombre de lecteurs de la cible)	6 000
Coût d'une annonce *(ex : page en quadrichromie)*	12 000 €
Coût aux 1 000 lecteurs utiles(3)	2 €
Affinité(4)	6 000/10 000

4. Le cumul de l'audience décrit pour un même support l'accroissement d'audience utile au fur et à mesure des insertions. Plusieurs annonces successives augmentent l'audience utile, les personnes touchées l'ayant été une ou plusieurs fois.

5. La duplication d'audience indique le nombre d'individus communs à deux supports différents. Le GRP *(Gross Rating Point)* permet de mesurer la pression média.

LA COMMUNICATION HORS MÉDIAS

On appelle hors médias (*below the line*), tous les modes de communication autres que la publicité véhiculée par les grands médias. Les dépenses hors médias progressent beaucoup plus vite aujourd'hui que les dépenses de publicité (65 % des dépenses totales de communication).

I. LA PROMOTION DES VENTES

A • La promotion des ventes

C'est une action marketing consistant à accorder limitativement un avantage supplémentaire à une cible pour un comportement défini et/ou à un produit. La caractéristique essentielle de la promotion est qu'elle pousse le produit vers le consommateur alors que la publicité s'efforce de faire demander (tirer) le produit par le consommateur.

B • Les techniques de promotion

Les familles de techniques de promotion des ventes	
Primes directes	Menus objets obtenus par l'acheteur d'un produit à l'occasion d'un acte d'achat.
Gifts différés	Différents mécanismes permettant d'obtenir des objets sur demande et de façon différée par rapport à l'achat ou l'offre.
Produit en plus	Quantité de produit supplémentaire obtenue à l'occasion de l'achat d'un article.
Réductions de prix	Baisses immédiates et sans conditions du prix consommateur de l'article.
Lots	Ventes groupées dans un conditionnement commun de deux ou plusieurs articles, identiques ou différents.
Ventes liées	Offres de vente conjointes de deux ou plusieurs articles, souvent complémentaires, à un prix exceptionnel.
Offres de remboursement (ODR)	Remboursement total ou partiel d'un ou plusieurs articles, sur demande du consommateur et sur la base de preuves achat.
Bons de réduction (BR)	Titres donnant droit à une réduction déduite en caisse sur un ou plusieurs articles déterminés.
Bons d'achat (BA)	Titres donnant droit à une réduction en caisse sur des achats faits dans le magasin émetteur.
Essais gratuits	Techniques permettant de faire essayer le produit sans débours financier pour le consommateur.

Jeux et concours	Compétitions à caractère ludique fondées sur l'espérance de gains importants.
Offres sur carte	Offres réservées aux porteurs de cartes émises par des enseignes
Offres diverses	Offres n'utilisant pas de techniques mais participant à une démarche promotionnelle.

II. La documentation de l'entreprise

A • Le rôle de la documentation

La documentation technique et commerciale de l'entreprise est son premier vecteur de communication, que ce soit sur le marché national ou sur les marchés internationaux.

B • Les formes de la documentation

- Les brochures/plaquettes.
- Les catalogues.
- Les supports audiovisuels (vidéo, diaporama, CD-ROM).
- Site Internet.

III. Les relations publiques

A • Les relations publiques

Ce sont les activités d'information et de communication déployées par un groupe en vue d'établir et de maintenir de bonnes relations entre les membres du groupe et les différents secteurs de l'opinion publique. Les cibles des relations publiques sont donc à la fois internes (actionnaires, personnel...) et externes (consommateurs, associations professionnelles, autorités publiques politiques, économiques, syndicales, autorités morales, grand public, clients, fournisseurs...).

B • Les techniques

- L'accueil.
- Les relations-presse (communiqué de presse, dossier de presse, conférences de presse, interviews).
- La participation à des manifestations commerciales (foires et salons).
- La communication événementielle (sponsoring, mécénat).

FICHE 37

LA POLITIQUE DE MARKETING DIRECT : PRINCIPE GÉNÉRAL

I. DÉFINITION

• Le marketing direct est une démarche commerciale qui se caractérise par une approche du client sans intermédiaire, personnalisée et à distance.

• Le marketing direct est à la fois :

- un mode de distribution (absence d'intermédiaires) ;
- un mode de communication (relativement personnalisé) ;
- un mode de vente (à distance) ;
- un mode de stratégie (la cible est le consommateur et non pas le marché tout entier ou des segments de celui-ci).

• Dans le cadre du marketing direct, la cible (client ou prospect) se voit transmettre l'offre par publipostage (« mailing »), par e-mail, téléphone, par SMS ou imprimés sans adresses déposées dans les boîtes à lettres. En même temps, sont fournis au prospect des moyens de répondre facilement à ces offres (par exemple des coupons-réponses) et qui permettent de mesurer les retours (codes promotionnels). Le marketing direct est largement interactif et ses effets sont mesurables par taux de retour.

• Le préalable à une campagne de marketing direct est une base de données de prospects qualifiée, c'est-à-dire en adéquation avec la cible visée.

II. LES OBJECTIFS

Le marketing direct a **quatre principaux objectifs** qui sont :

A • Étudier le marché

Le marketing direct permettra aux entreprises de s'informer sur le marché grâce à un échantillon de consommateurs qui donnent leur avis avant le lancement d'un produit, d'une offre commerciale ou d'un nouveau concept.

B • Informer

Le marketing direct a pour objectif d'informer la clientèle de tout événement la concernant. Il informera la clientèle qu'il s'agisse de la mise à disposition d'un nouveau tarif, d'une offre promotionnelle dont elle peut bénéficier (avec le plus souvent un code promotionnel pour mesurer le retour), du lancement d'un nouveau produit. Le marketing direct sert également à informer régulièrement les actionnaires et à stimuler la force de vente.

C • Vendre

Le marketing direct a pour objectif de réaliser un chiffre d'affaires à distance soit à part entière (entreprises qui vendent exclusivement par correspondance ou par Internet), soit en complément des points de ventes ou de la force de vente, donc en complément des circuits de vente traditionnels. Si l'achat ne se fait pas à distance, l'objectif est de créer un trafic sur les lieux de vente pour essayer de vendre.

D • Fidéliser

L'objectif est de créer une relation de proximité avec le client, de maintenir le contact.

E • Cibler les marchés étrangers

La mercatique directe permet d'orienter avec précision les efforts de communication, d'adapter la communication à la variété des régions visées, et cela avec un budget plus limité qu'avec les autres moyens de communication.

FICHE 38

LA POLITIQUE DE MARKETING DIRECT : MISE EN ŒUVRE

I. LES PRINCIPAUX OUTILS

- Le publipostage
- L'e-mailing
- Le bus-mailing
- Le fax mailing
- Le phoning
- Le couponning
- Les cartes
- La PLV
- Le street marketing
- Le téléachat
- Le catalogue
- L'e-business
- Les bornes interactives

II. LES MAILINGS : UNE DÉMARCHE GLOBALE

III. LE PUBLIPOSTAGE OU LE MAILING POSTAL

- Envoi d'un courrier par voie postale à partir d'un fichier d'adresses. Bien que de conception ancienne il reste très utilisé.

- Le succès d'un mailing dépend de la qualité/qualification du fichier, de la pertinence/intérêt de l'offre, de la créativité graphique.

- Composition de base : une lettre d'accroche, une enveloppe « porteuse », un support (dépliant ou brochure), une incitation à l'acte (bon de commande ou coupon-réponse), une enveloppe réponse prépayée.

Remarque *: Il ne faut pas oublier les éventuelles mentions légales spécifiques aux marchés étrangers (validité de l'offre, dans la limite des stocks disponibles, disponibilité géographique, etc.)*

IV. L'E-MAILING

- Il s'agit d'un envoi d'un courrier électronique à un plus ou moins grand nombre d'internautes.
- On distingue quatre grands types d'utilisations :
  - Prospection/recrutement de nouveaux clients ;
  - fidélisation de clients existants ;
  - information ;
  - événementiel.
- La collecte des données personnelles :
  - **Opt-in** : politique de collecte des données personnelles basée sur le consentement explicite préalable de l'internaute.
  - **Opt-out** : politique de collecte des données personnelles basée sur le consentement implicite de l'internaute. Une collecte « opt-out » repose sur l'idée que l'internaute donne automatiquement son consentement pour recevoir des messages publicitaires (par exemple lorsqu'il laisse des données personnelles le concernant sur un formulaire).
- L'avantage essentiel de l'e-mailing est la mesurabilité : nombre d'e-mail envoyés, nombre d'e-mail non aboutis, nombre d'e-mail ouverts, nombre d'e-mail transférés, etc.
- Coût d'une opération d'e-mailing :
  - **Coût de l'adresse** : 0,25 €.
  - **Droit de licence du logiciel** : 610 €/an.
  - **Hébergement du fichier** : minimum 115 €.
  - **Envoi** : 23 € pour mille.

IV. LA MESURE DE L'EFFICACITÉ

- **Taux de retour** : (nombre de retours/nombre d'envois) × 100.
- **Taux d'efficacité** : (nombre total d'envoi/nombre d'achats) × 100.
- **CA moyen/vente** : CA total généré/nombre de commandes.
- **Coût d'acquisition client** : somme des investissements/nombre de nouveaux clients.

Fiche 39

La négociation internationale : principe général

I. Qu'est-ce que négocier ?

La négociation est une activité qui met face à face deux ou plusieurs acteurs qui, confrontés à la fois à des divergences et des interdépendances, choisissent de rechercher volontairement une solution mutuellement acceptable.
La négociation commerciale en est une forme particulière, centrée sur l'existence d'un produit ou d'un service et de besoins à satisfaire.

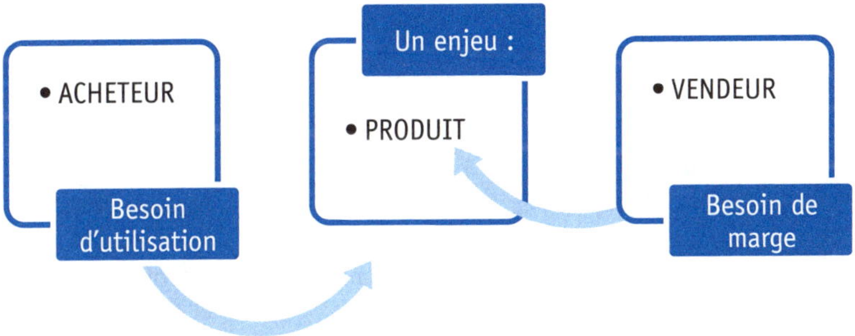

II. La marge de négociation

Le vendeur se présente généralement à la négociation en ayant trois positions à négocier :

1. Une position de départ, formulée de manière à lui assurer une marge de manœuvre.

2. Une position minimale ou position de rupture, au-delà de laquelle il ne peut plus accepter la négociation.

3. Une position intermédiaire, qui traduit ce que le négociateur pense pouvoir obtenir en conservant une solution acceptable pour son partenaire.

La juxtaposition de ces trois positions pour l'acheteur et le vendeur permet de délimiter une zone d'accord possible, entre les points de rupture respectifs.
L'affrontement où chacun cherche à obtenir la plus grande part d'un même gâteau est une **négociation distributive**.

La situation où chacun cherche à parvenir à une solution optimale est une **négociation intégrative.**

III. Les étapes de la négociation

	Étapes	Objectifs	Activités
Avant	Préparation	Mieux maîtriser le déroulement de l'entretien	Faire des recherches. Se fixer des objectifs. Se doter des outils d'aide à la vente.
Consultation	Prise de contact	Créer un climat de confiance	Se présenter, identifier l'interlocuteur, établir les rôles, introduire l'entretien.
	Découverte	Diagnostiquer	Découvrir les besoins, les motivations, faire le bilan du diagnostic.
Confrontation	Argumentation	Convaincre	Trouver l'offre adaptée. Présenter l'offre comme réponse aux besoins.
	Objections	Réfuter	Accepter et traiter les objections.
Conciliation	Conclusion	Obtenir la décision	Reformuler les avantages et conclure, faire signer le bon de commande.
	Prise de congé	Conforter	Rassurer le client et mettre la vente en place.
Après	Suivi	Pérenniser la relation	Tenir ses engagements. Relancer.

PRÉPARER LA NÉGOCIATION INTERNATIONALE

I. DÉCOUVRIR LES BESOINS ET LES MOTIVATIONS

A • Découvrir les besoins objectifs et les besoins subjectifs

1. Il faut ici préparer un plan de découverte et maîtriser la technique du questionnement : s'informer sur le client (qui décide, potentiel financier...), rechercher des éléments précis, approfondir...

2. Il existe de multiples méthodes d'approches psychosociologiques de l'interlocuteur. La connaissance de la hiérarchisation des besoins de Maslow, ou celle des sociostyles permet de mieux identifier les motivations et les freins du client ou du prospect.

3. La **méthode SONCAS** repose sur six motivations de base de tout individu : Sécurité, Orgueil, Nouveauté, Confort, Argent, Sympathie.

B • Préparer le plan de découverte

I) LE COMMERCIAL CONFIRME CE QU'IL SAIT	**Réponses du prospect**
• **Historique de la relation** • **Informations communiquées sur le salon** • **Informations communiquées par téléphone** • **Informations communiquées par mail** ➟ Besoins identifiés	
II) LE COMMERCIAL EXPLORE CE QU'IL IGNORE • **Situation actuelle du prospect** – PDM ? – Concurrence ? – Clientèle ? – Réseau de distribution ? – Réseau d'approvisionnement ? – Problèmes rencontrés : délai, qualité, prix... – Saisonnalité des ventes ? • **La solution actuelle du prospect** – Ses fournisseurs ? – Types de produits achetés et commercialisés ? – Délais de livraison ? – Prix ?	

– Marge ? – Volume ? – Budget alloué ? – Monnaie de paiement ? – Fréquence des livraisons ? – Stock minimum de sécurité ? • **La situation future du prospect** – Objectif de part de marché ? – Objectif de CA ? – Évolution souhaitée ? – Évolution prévue ? • **La solution future du prospect** – Types de produits désirés ? – Délais souhaités ? – Budget alloué ? – Monnaie de paiement ? – Fréquence des livraisons ? – Stock minimum de sécurité ? ➟ Besoins identifiés	

C • Préparer l'argumentaire

Caractéristiques	Avantages	S	O	N	C	A	S	Preuves
L'ENTREPRISE								
LE MARCHÉ								
LES PRODUITS (aspect technique et aspect commercial)								
LES SERVICES								

LA QUESTION DES OBJECTIONS

I. CONNAÎTRE LES DIFFÉRENTS TYPES D'OBJECTIONS

On distingue trois types d'objections qui appellent chacun un traitement particulier :

- les objections non sincères et non fondées ;
- les objections sincères et non fondées ;
- les objections sincères et fondées.

II. RÉPONDRE AUX OBJECTIONS

Les techniques de réponse les plus utilisées sont :

- **La reformulation interrogative** : cette technique permet de dédramatiser l'objection en la reformulant d'une manière positive et favorable au vendeur.
- **Le oui… mais** : cette technique permet d'accepter la remarque et de poursuivre l'argumentation sans contredire directement le client.
- **L'appui (ou le boomerang)** : elle utilise la force de l'objection pour montrer qu'il ne s'agit pas d'un point faible comme le sous-entend le client mais d'un avantage tout à fait délibéré.
- **L'affaiblissement** : c'est reformuler l'objection en l'atténuant.
- **Le questionnement** : cette technique a pour but d'atténuer la charge agressive de l'objection. Une série de questions fait préciser au client sa pensée et donne à l'objection sa véritable dimension.
- **Le témoignage** : cette méthode consiste à faire répondre un autre client, une référence dans la profession…
- **Le silence** : il s'agit d'ignorer l'objection quand elle est de pure forme ou si elle est l'occasion pour le client d'affirmer son savoir. Un hochement de tête suffit alors avant de passer à un autre argument. Cette méthode est à utiliser avec précaution. Il ne faut pas ignorer de vraies objections.
- **L'anticipation** : le vendeur a intérêt à l'introduire dans l'argumentation quand il est certain que le client va émettre l'objection. Il en diminue la force.

III. PRÉSENTER LE PRIX

L'annonce du prix ne peut être faite que lorsque le client a pu apprécier la valeur du produit. Pour « vendre » le prix, on peut utiliser les techniques suivantes :

- **L'addition** : on additionne les avantages apportés par l'offre.
- **La soustraction** : soustraire les avantages perdus en cas d'autre choix.

- **La division** : on rapporte le prix à la durée d'utilisation.
- **La multiplication** : on grossit les avantages procurés sur toute la durée de vie.
- **La relativité** : on compare les gains possibles à la dépense, on compare avec un autre produit pour se démarquer, on souligne les différences avec la concurrence.

IV. Conclure la vente, prendre congé et assurer le suivi

A • La conclusion de la vente

La conclusion de la négociation suppose que le vendeur ait perçu des signes de désir d'achat du client. Il ne faut ni conclure trop vite, ni tarder à conclure.
Il existe plusieurs techniques de conclusion qu'il est nécessaire d'adapter à la situation et à la personnalité de son client.

- Agir comme si l'accord était conclu : « Quand voulez-vous être livré ? »
- Rendre la décision urgente : « Dès la semaine prochaine, je serai obligé d'appliquer les nouveaux tarifs… »

B • La prise de congé

- **En cas d'accord**, la prise de congé va permettre : de féliciter et rassurer le client quant à son choix, de lui proposer des services (démarches, formation, aide à la vente…), de préparer la prochaine visite.
- **En cas d'échec de la négociation**, la prise de congé doit permettre de préserver l'avenir : remercier du temps qui vient de vous être accordé, jeter les bases d'une nouvelle relance, partir sans précipitation.

C • Le suivi

Quel que soit le résultat de la négociation, il est utile d'analyser ce qui s'est passé pour découvrir les points faibles et y remédier, pour déceler les points forts afin d'en tirer le meilleur parti possible.
Il est aussi indispensable de suivre la vente pour mieux fidéliser le client.

V. Le contexte culturel de la négociation commerciale

La négociation internationale présente des spécificités. On peut considérer que les principales différences sont :

- **Les aspects juridiques** : lois, réglementations, usages.
- **Les aspects politiques** : les caractéristiques du système politique, le degré de stabilité politique du pays sont des facteurs qui pèsent lourdement sur la négociation à l'étranger.
- **Les aspects culturels** : les langues, les croyances et valeurs, les pratiques sociales vont être sources de surprises, de malentendus qui vont modifier le contenu de la communication et influer sur le déroulement de la négociation.

Partie 3

Gestion des opérations d'import – export

FICHE 42

LE CONCEPT DE LOGISTIQUE INTERNATIONALE

L'exportateur, comme l'importateur, doivent assurer la livraison de leurs marchandises chez leurs clients ou, à l'achat, acheminer leurs approvisionnements. Pour cela, ils font généralement appel à des prestataires de service qui s'occupent du transport des marchandises, des opérations douanières, et qui veillent au respect de la réglementation et à la bonne circulation de l'information.

I. DÉFINITION

A • L'origine

La logistique est un terme militaire désignant l'« ensemble des opérations ayant pour but de permettre aux armées de subsister, de se déplacer, de combattre et d'assurer les évacuations et le traitement médical du personnel. » (Définition du *Petit Larousse illustré.*)

B • Dans l'entreprise

C'est l'ensemble des méthodes et moyens d'organisation permettant d'acheminer les marchandises au bon moment, dans les bonnes quantités, au bon endroit, dans un état satisfaisant, et comprenant les opérations de manutention, de transport, de conditionnement, de stockage et d'approvisionnement, ainsi que la gestion de l'information. Aujourd'hui, on parle de *Supply Chain Management*, qui est une chaîne logistique intégrée du fournisseur au client.

II. LES ACTEURS DE LA LOGISTIQUE ET LEUR MÉTIER

A • Les transitaires

1. Définition et statuts

Ce sont des professionnels qui s'occupent pour leurs clients de tout ou partie de leur logistique : choix de l'itinéraire le mieux adapté, mode de transport, choix du transporteur, prix du fret, formalités douanières. Ils ne possèdent pas nécessairement leurs propres camions, mais ils font appel à des sous-traitants.

En France, deux statuts juridiques cohabitent :

Mandataire	Commissionnaire
– Exécute les ordres de son mandant, ne choisit pas le transporteur. – Obligation de moyens. – A la responsabilité de ses propres fautes.	– Organise et coordonne les opérations selon les ordres de son commettant, choisit les sous-traitants. – Obligation de résultats. – A la responsabilité de ses propres fautes comme de celles des sous-traitants qu'il choisit.

2. Les principaux auxiliaires de transport

• **Le commissionnaire de transport ou OTM** (organisateur de transport multimodal) : il peut prendre en charge l'ensemble de la chaîne logistique et dispose d'un réseau de correspondants à l'étranger.
C'est un **commissionnaire.**

• **Le commissionnaire agréé en douane** : habilité par les douanes, il se charge du dédouanement des marchandises pour le compte de ses clients.
C'est un **mandataire**.

• **Le groupeur** : il regroupe différentes expéditions pour former des lots complets qu'il confie au transporteur de son choix. Il fait ainsi bénéficier ses clients des tarifs plus favorables qu'il obtient.
C'est un **commissionnaire.**

• **Le transitaire portuaire ou aéroportuaire** : il assure l'interface entre deux modes de transport (mise à bord ou réexpédition après déchargement, éventuellement entreposage). Gère les contacts avec les transporteurs, les douanes, les sociétés de manutention et d'entreposage.
C'est un **mandataire**.

• **L'affréteur routier** : il sert d'intermédiaire entre les chargeurs et/ou les groupeurs et les transporteurs pour la réalisation d'une expédition.
C'est un **commissionnaire.**

• **L'agent de fret aérien** : il cherche du fret pour les compagnies aériennes qu'il représente, établit et signe les documents de transport (LTA) pour les compagnies auprès desquelles il est agréé.
C'est un **courtier.**

B • Les transporteurs

Ils détiennent leur propre flotte de camions, navires, avions, et travaillent le plus souvent avec des transitaires. Ils travaillent aussi en direct avec les exportateurs ou les importateurs.

L'EMBALLAGE ET LA CONTENEURISATION

I. LE CHOIX DE L'EMBALLAGE ET LE MARQUAGE DES MARCHANDISES

Aspects techniques	L'emballage doit emballer le produit de la meilleure façon possible. Il dépend de la marchandise, des infrastructures, du climat, du mode de transport.
Aspects réglementaires	Si la marchandise est détériorée du fait d'un emballage défectueux, c'est toujours la responsabilité de l'expéditeur qui est engagée. Certains sont soumis à des réglementations particulières.
Aspects commerciaux	La qualité de l'emballage a des incidences fondamentales sur l'image de l'entreprise, la satisfaction du client.
Aspects financiers	Rapport : coût de l'emballage/valeur de la marchandise. Prise en compte des économies que l'emballage permet de réaliser : perte, vol, avaries, coûts de transport, de manutention…

À ces obligations d'emballage s'ajoutent des obligations de marquage, réglementées comme l'emballage par des législations spécifiques. Par exemple, pour le transport des marchandises dangereuses, le marquage est même normalisé par l'ONU.

II. LES PALETTES ET LES CONTENEURS

A • Les palettes

C'est une **unité de chargement** adaptée à la manutention par un chariot élévateur muni d'une fourche.

Généralement en bois, il en existe plusieurs sortes : simple ou réversible ; à simple, double ou multiple entrée pour la fourche du chariot élévateur, à simple ou double plancher… Les charges peuvent être filmées, cerclées, pour améliorer leur stabilité.

Les dimensions extérieures les plus communes sont : 800 × 1 200 mm ou 1 000 × 1 200 mm, pour une hauteur à vide de 15 cm.

La hauteur maximum chargée est celle de l'engin, et la masse chargeable en général de 1 000 kg.

Les **palettes avion** standards sont plus grandes (304 × 210 cm), généralement en aluminium, et la masse chargeable maximum est de 6 804 kg.

B • Les conteneurs

Un conteneur est une unité de chargement conçue pour permettre le transport **sans rupture de charge** par un ou plusieurs moyens de transports, et dotée de dispositifs la rendant facile à manipuler lors des transbordements, facile à vider et remplir.

Il est considéré comme un mode de transport à part entière du fait de cette résistance et de l'absence de rupture de charge qu'il induit.

Dimensions des principaux conteneurs (indicatives) :

	20' *Dry Freight*	**40' *Dry Freight***
Longueur	5,919 m	12,056 m
Largeur	2,340 m	2,345 m
Hauteur	2,378 m	2,378 m
Poids de tare	1 900 kg	3 107 kg
Capacité en volume	33 m^3	67,3 m^3
Charge utile	22 100 kg	27 373 kg
Nombre de palettes standards chargeables	10 non gerbables, 20 gerbables	20 non gerbables, 40 gerbables

FICHE 44

COMMENT CHOISIR UNE PRESTATION LOGISTIQUE ?

I. ÉVALUER LES BESOINS

L'évaluation des besoins permet l'établissement d'un cahier des charges par l'entreprise.

Évaluer les besoins	Exemples
Nature de la marchandise transportée	Poids, volume, nature, fragilité, dangerosité, valeur ; vrac pour les céréales ; transport sous température dirigée de denrées périssables…
Les exigences de la clientèle	Fréquence, quantité, délais, niveaux de fiabilité et de qualité recherchés, services à fournir au départ/à l'arrivée, etc. ***Remarque :*** *Il est souvent coûteux de fractionner les envois, mais cela est souvent exigé par les clients en fonction de leur politique de gestion des stocks…*
Quel itinéraire retenir ?	Certaines expéditions exigent un équipement particulier des sites portuaires ou aéroportuaires : tous ne sont pas équipés pour le transport de conteneurs ! Les infrastructures routières, ferroviaires, ne sont pas homogènes d'un pays à l'autre…
Comment assurer le bon état des marchandises ?	L'entreprise devra veiller au choix d'un emballage, d'une assurance, de lieux de stockage, de modes de transport, d'un itinéraire adaptés.
Comment respecter les délais de livraison ?	Une expédition urgente sera plutôt confiée à une entreprise de fret express et à un transporteur aérien.
Comment maîtriser les coûts ?	L'entreprise doit assurer la meilleure logistique possible sans induire une explosion de ses coûts qui nuirait à sa compétitivité.

II. Les critères de choix d'une prestation logistique

On étudie les propositions des intermédiaires en réponse au cahier des charges, et surtout :

- la capacité de stockage ;
- la fréquence des livraisons ;
- les délais d'acheminement ;
- la sécurité de l'acheminement (nombre de ruptures de charges, itinéraires, niveau de contrôle...) ;
- le prix.

La qualité sera appréciée comme la capacité de l'intermédiaire à répondre aux besoins de son client, à respecter le contrat de bout en bout.

À SAVOIR

- Les transporteurs peuvent être spécialisés par mode de transport, par zone géographique, voire même sur des « niches » comme les convois spéciaux, les transports en température dirigée, le transport des grumes ou du verre plat, les marchandises dangereuses...
- Quand on comparera deux modes de transport, on représentera de façon synthétique dans un tableau les aspects coût/sécurité/délai et on argumentera chaque aspect. Les aspects coûts logistiques seront toujours exprimés en % du tarif EXW.

Les incoterms : présentation

I. Les objectifs et les caractéristiques des ICC 2010

La nouvelle version des INCOTERMS 2010 s'applique **depuis le 1er janvier 2011.** Les incoterms restent un outil stratégique des échanges internationaux, facteur de maîtrise des coûts et d'optimisation du taux de service client. Les incoterms demeurent une interface des contrats utilisés à l'international.

Les différentes révisions des incoterms dans le temps ont permis :
- de prendre en compte les évolutions récentes des pratiques du commerce international ;
- d'intégrer les nouvelles obligations mondiales en matière de sûreté/sécurité ;
- d'introduire la dématérialisation des documents utilisés dans le commerce international ;
- de simplifier l'utilisation de ces règles et ainsi faciliter les transactions commerciales.

II. La présentation générale des incoterms ICC 2010

A • Classification

Une classification des incoterms permet donc de distinguer deux groupes contre trois auparavant :
- les **incoterms exclusivement maritimes** tels que FOB, CIF, CFR, FAS ;
- les **incoterms multimodaux.**

Les groupes E, F et C sont des **incoterms de vente au départ** car la responsabilité du vendeur s'arrête sur son propre territoire.

Pour le groupe D, il s'agit de ventes à l'arrivée car la responsabilité du vendeur est engagée jusqu'au point de destination finale située sur un territoire étranger.

B • Présentation

Rappels :
- il est important de faire apparaître la mention « Incoterms® CCI 2010 » dans vos contrats de vente ;
- les incoterms ne règlent pas les problèmes suivants : transfert de propriétés, droit applicable au contrat et juridiction compétente en cas de litiges, ainsi que la « force majeure ». Ces points sont à préciser dans le contrat de vente entre les parties.

INCOTERMS CCI 2010		
'E'	Le vendeur remet les marchandises à la disposition de l'acheteur dans ses propres locaux.	
EXW	*EX WORKS*	À L'USINE
'F'	Le vendeur remet les marchandises à un transporteur principal désigné par l'acheteur.	
FCA	*FREE CARRIER*	FRANCO TRANSPORTEUR
FAS	*FREE ALONGSIDE SHIP*	FRANCO LE LONG DU NAVIRE
FOB	*FREE ON BOARD*	FRANCO À BORD
'C'	Le vendeur conclut le contrat de transport (et l'assurance en CIF et CIP) sans assumer les risques de perte ou de dommage aux marchandises.	
CFR	*COST AND FREIGHT*	COÛT et FRET
CIF	*COST, INSURANCE AND FREIGHT*	COÛT, ASSURANCE et FRET
CPT	*CARRIAGE PAID TO*	PORT PAYÉ JUSQU'À
CIP	*CARRIAGE AND INSURANCE PAID TO*	PORT PAYÉ ASSURANCE COMPRISE, JUSQU'À
'D'	Le vendeur supporte les coûts et risques engendrés par l'acheminement des marchandises jusqu'au lieu de destination convenu.	
DAT	*DELIVERED AT TERMINAL*	LIVRAISON AU TERMINAL
DAP	*DELIVERED AT PLACE*	LIVRAISON AU LIEU
DDP	*DELIVERED DUTY PAID*	RENDU DROITS ACQUITTÉS

FICHE 46

LES INCOTERMS : PRIX DE VENTE

En fonction de l'incoterm, certaines charges vont incomber ou non au vendeur qui doit répercuter sur son prix de vente export les éléments logistiques qu'il intègre dans son offre.

Libellé anglais		Libellé français	
Code	**Descriptif**	**Code**	**Descriptif**
EXW	EX Works… named place	ENU	Usine (EN), usine (à l')… lieu convenu
FCA	Free CArrier… named place	FCT	FranCo Transporteur… lieu convenu
FAS	Free AlongSide ship… named port of shipment	FLB	Franco le Long du navire… port d'embarquement convenu
FOB	Free On Board… named port of shipment	CAB	Chargé À Bord… port d'embarquement convenu
CFR	Cost and FReight… named port of destination	CFR	Coût et FRet… port de destination convenu
CPT	Carriage Paid To… named port of destination	POP	POrt Payé jusqu'à… port de destination convenu
CIF	Cost, Insurance, Freight… named port of destination	CAF	Coût, Assurance et Fret… port de destination convenu
CIP	Carriage and Insurance Paid to… named place of destination	PAP	Port et Asurance Payés… port de destination convenu
DAT	Delivered At Terminal… named port of destination	RPD	Rendu au Terminal… port de destination convenu
DAP	Delivered At Place… named port of destination	RLD	Rendu au… lieu de destination convenu
DDP	Delivered Duty Paid… named place of destination	RDA	Rendu Droit Acquittés… lieu de destination convenu

Fiche 47

Le transport maritime : principe général

Il constitue le premier mode de transport de marchandises en volume. Le trafic conteneurisé est en fort développement ainsi que le fret asiatique, en particulier en raison de l'essor économique de la Chine. Certains ports sont en plein développement, comme Shanghai, voire même engorgés, d'où une course à l'agrandissement des infrastructures portuaires. Parmi les plus grands ports mondiaux : Rotterdam, Shanghai, Singapour, Taïwan.

À SAVOIR

Les plus gros navires porte-conteneurs dépassent maintenant les 10 000 EVP (Équivalent Vingt Pieds), et atteignent 350 m de long, c'est-à-dire qu'ils peuvent accueillir 10 000 conteneurs 20', entreposés sur 15 à 20 niveaux.

I. Présentation

A • Cadre juridique

Convention de Bruxelles ou Règles de La Haye (1924) et Règles de Hambourg (1978) établissent un cadre légal pour les documents de transport et la responsabilité du transporteur.

B • Vers une nouvelle organisation

Depuis près de 150 ans, le transport maritime est régi par un système de conférences maritimes réunissant des armateurs convenant entre eux de tarifs et de services communs sur les grandes lignes. Bruxelles a décidé, en 2006, de mettre fin à ce système pour toutes les lignes touchant des ports européens, afin de permettre aux chargeurs de négocier directement les prix avec chaque compagnie maritime.

C • Caractéristiques techniques

Il existe de très nombreux types de navires. La diversité de leurs caractéristiques en fait un mode de transport très adaptable.

Exemple : *porte-conteneurs, navires à température dirigée, navires rouliers, polyvalents ou spécialisés (vrac céréales, pétroliers, transport des grumes...).*

Avantages	Inconvénients
- Coût avantageux sur de nombreuses destinations. - Possibilité de stockage dans les ports. - Larges possibilités de dessertes géographiques. - Très importante capacité de transport. - Le développement du conteneur évite les ruptures de charge, améliore la sécurité de ce mode de transport et diminue son coût en simplifiant les opérations de manutention et en diminuant les coûts d'assurance.	- Lenteur. - Encombrement croissant de certains ports. - Certaines lignes ne sont pas conteneurisées. - Les ruptures de charges sont source de fréquentes et importantes avaries.

II. Les principes de tarification en conventionnel

On distingue le fret expédié en conteneur et le fret expédié en conventionnel. Y seront ajoutés les frais de manutention portuaires en fonction des conditions de ligne, la tarification éventuelle des conteneurs et coûts de fumigations.

L'unité payante ou UP est la tonne ou le volume en m^3 à l '« avantage du transporteur ». On retient donc le plus élevé pour le multiplier par le tarif de base.

La base de tarification est donc 1 t = 1 m^3

Des **surcharges** viennent majorer ou minorer le fret :

- Surcharge BAF (*Bunker Adjustment Factor*), servant à compenser les variations des prix des carburants, exprimée en % du fret de base ;
- surcharge CAF (*Currency Adjustement Factor*), servant à compenser les variations des cours des monnaies, exprimée en % du fret corrigé, c'est-à-dire du fret de base corrigé par la surcharge BAF ;
- d'autres surcharges peuvent être ajoutées : surcharge de dangereux, portuaire, de colis lourd (+ de 25 T) ou long (+ de 12 m), d'encombrement...

Exemple :

Fret de base 55 € l'UP, 10 m^3, 7 tonnes, BAF : 4 %, CAF : –2 %
Choix de l'UP : 10 ou 7 à l'avantage du transporteur.
On retient donc 10 UP.

Fret de base = 55 € × 10 UP = 550 €
BAF = 4 % × 550 = 22 €
CAF = –2 % × (550 + 22) = –11,44 €
Fret total = 550 + 22 – 11,44 = 560,56 €

LE TRANSPORT MARITIME : PARTICULARITÉS

I. LE FRET CONTENEURISÉ (EN CONTENEUR COMPLET OU EN GROUPAGE)

Des barèmes sont en général proposés par les conférences ou les compagnies maritimes, en fonction de la destination, de la quantité, et de la classe des marchandises chargées dans les conteneurs. On distingue les expéditions :

FCL/FCL	La marchandise est empotée dans le conteneur qui est scellé et arrive sans être ouvert chez le client.
LCL/LCL	L'envoi est insuffisant pour un conteneur : les marchandises seront conteneurisées avec d'autres marchandises à destination du même port où elles seront livrées aux différents clients.
FCL/LCL	Les marchandises d'un même exportateur sont empotées dans un conteneur. Elles seront dégroupées à l'arrivée à destination des différents clients.
LCL/FCL	Des marchandises d'origines diverses sont regroupées à destination d'un seul et même client.

FCL : *Full Container Loaded* – LCL : *Less than a Container Loaded*

Deux principes de tarification peuvent être retenus :

- une tarification « **à la boîte** » s'applique dans le cas de conteneurs complets (FCL). Il ne tient pas compte de la masse de l'expédition, mais uniquement de la destination ;
- la tarification à l'unité payante, en particulier dans le cas d'envois LCL, mais aussi FCL, avec un minimum par boîte (FCL) ou par envoi (LCL).

II. LES CONDITIONS DE LIGNE (OU *LINER TERMS*)

Termes fixant la part des opérations de chargement ou de déchargement comprises dans un fret maritime. Elles permettent de déterminer ce qui est inclus dans la prestation de l'armateur, et de bien préciser ce qui est sous sa responsabilité.

Quelques exemples :

De Bord à Bord	Le fret ne comprend ni le chargement, ni le déchargement des marchandises.
De Bord à Sous Palan	Le fret comprend les frais d'arrimage puis de décrochage, désélingage, prise sous palan, enlèvement du navire et mise en magasin.
De Sous Palan à Sous Palan	Le fret comprend les frais de hissage, virage, descente à bord, arrimage, désarrimage et mise sous palan.
De Quai à Quai	Inclut tous les frais de saisissage, mise à bord, arrimage, désarrimage, etc.

FICHE 49

LE CONNAISSEMENT MARITIME

I. DÉFINITION

• Il constitue la **preuve** du contrat de transport.

• Aussi appelé ***Ocean Bill of Lading*** (BL), c'est un document **négociable**.

• Il doit être présenté par le destinataire de la marchandise pour prendre livraison de celle-ci.

• Il constate la **prise en charge** ou la **mise à bord** des marchandises par le transporteur ainsi que l'**engagement du transporteur** de délivrer la marchandise contre remise de ce document (Convention de Hambourg).

II. L'ÉMISSION

• Il est émis par la **compagnie maritime** ou son agent, **sur les instructions du chargeur** ou de son commissionnaire, en général dès l'embarquement ou dans les 24 heures.

• Émis en **3 originaux + copies**.

III. LES FORMES

Il peut prendre trois formes :

• **À personne dénommée :** destinataire réel de la marchandise. Il est alors non négociable.

• **À ordre :** banque, transporteur ou autre intermédiaire, qui transmettra le droit de réclamer la marchandise par endossement. Il est donc négociable et permet par exemple à la banque de prendre une garantie dans le cadre d'un crédit documentaire.

• **Au porteur** ou en blanc : très dangereux car il comporte un risque évident de vol.

IV. Les catégories de connaissement

Un connaissement peut être :

Port/port	Couvre un trajet maritime unique.
Combiné	Couvre un trajet maritime et un pré- et/ou post-acheminement, émis par un commissionnaire du chargeur.
Direct	Couvre un trajet maritime et un pré- et/ou post-acheminement, émis par un mandataire du chargeur.
FIATA	Émis par un transitaire agissant comme consignataire (agent, mandataire d'un armateur).
De charte-partie	En cas d'affrètement, c'est-à-dire quand un armateur loue un navire à un chargeur.
Sea Way Bill	Forme simplifiée du connaissement.
Data Freight Receipt	Forme informatisée.

V. Les mentions spéciales

A • Les réserves

• ***Clean*** ou net de réserve certifie la prise en charge de la marchandise en bon état apparent.

• **Surchargé** ou clausé indique la prise de réserves par le transporteur sur les quantités ou l'état de la marchandise transportée.

B • *Freight payable at*

Port de départ ou d'arrivée selon l'incoterm (port payé : *prepaid* ou dû : *collect*).

C • *Said to Contain*

Décharge le transporteur de toute responsabilité quant au contenu des colis.

D • *On board*

Connaissement émis embarqué, atteste la mise à bord de la marchandise à la date spécifiée ; ***received for shipment*** n'atteste que la prise en charge par le transporteur, son expédition peut être différée.

À SAVOIR

RO/RO signifie *Roll On Roll Off* et désigne un mode de transport maritime permettant aux camions de pénétrer directement dans la cale d'un navire. Le calcul du fret est particulier : il se fait au mètre linéaire !

FICHE 50

LE TRANSPORT AÉRIEN : PRINCIPE GÉNÉRAL

Il constitue le mode de transport de marchandises le plus sûr et le plus rapide. En rapide développement ces dernières années, on assiste surtout à une tendance à la concentration du secteur.

I. PRÉSENTATION

A • Cadre juridique

Convention de Varsovie (1929) et Protocole de La Haye (1955), Protocole et convention de Montréal (1975 et 1999).

B • Organisation

Les compagnies aériennes sont signataires de conventions internationales comme IATA (International Air Transport Association) ayant pour but d'harmoniser les pratiques, notamment en termes de prix et de règles de sécurité. Les barèmes de prix, obligatoires à l'origine, ne le sont cependant plus.

C • Caractéristiques techniques

Il existe de très nombreux types d'avions, répartis en deux grandes catégories : ceux qui transportent des passagers et dont les soutes accueillent du fret, et les avions cargo, qui ne transportent que du fret.
Face à la croissance du secteur, les hubs ou plates-formes de massification des flux se sont développées. Francfort était n° 1 en 2005, suivi de Paris-CDG et de Londres-Heathrow. Le n° 1 mondial est l'aéroport de Memphis aux USA.

II. LES PRINCIPES DE TARIFICATION

On distingue le fret expédié en ULD (*Unit Load Device*) ou unité de chargement et la tarification générale.

A • Tarification générale

Elle fonctionne sur le principe d'une tarification au poids fonctionnant par tranche de poids qui se voient appliquer un tarif dégressif, sur une relation donnée.

Le calcul se fait en 2 étapes :

1. Règle d'équivalence poids/volume qui donne le poids théorique

La base de tarification est 1 t = 6 m^3

Le poids retenu pour la taxation sera le poids théorique ou le poids réel à l'avantage du transporteur.

Exemple *:*

- *Expédition de tubes d'acier de 480 kg total ;*

volume = 2 m × 0,4 m × 0,5 m = 0,4 m^3*.*

- *Barème :*

– M = Minimum de taxation de 100 € ;
– moins de 45 kg = 30 €/kg ;
– de 45 à 100 kg = 22 €/kg ;
– de 100 à 300 kg = 17 €/kg ;
– de 300 à 500 kg = 12 €/kg ;
– de 500 kg à 1 000 kg = 10 €/kg ;
– plus d'1 tonne = 8 €/kg.

- *Choix du poids de taxation :*

Poids réel = 480 kg.
Poids théorique = 0,4 m^3*/6 = 0,06 t, soit 60 kg (on applique la règle d'équivalence).*
On retient le poids réel à l'avantage du transporteur.

- *Fret = 480 × 12 € = 5 760 €.*

Ce qui est bien supérieur au minimum de taxation.

2. Règle du payant pour

On vérifie que le « payant pour » n'est pas plus intéressant pour le chargeur.

Exemple *:*

Dans l'exemple de la page pécédente, on vérifie que « payer pour 500 kg » n'est pas plus intéressant pour le chargeur :

- *500 kg × 10 € = 5 000 €*

Il est plus intéressant de payer pour 5 000 €.
Le fret sera donc de 5 000 €.

B • Tarification à l'ULD

Elle repose sur un prix forfaitaire correspondant à un poids pivot.
Si le poids de l'expédition est supérieur au poids pivot (dans la limite d'un maximum admissible par l'ULD), le poids excédentaire sera taxé au poids, à un tarif complémentaire.

Exemple *:*

Palette de 2 500 kg.
Prix forfaitaire = 4 000 € pour un poids pivot de 2 000 kg.
Tarif complémentaire de 1,5 €/kg au-dessus du pivot.
Calcul = 4 000 € + [(2 500 – 2 000) × 1,5 €] = 4 750 €.

LA LETTRE DE TRANSPORT AÉRIEN

I. DÉFINITION

- Document normalisé dans le cadre de IATA.
- Aussi appelé ***Air Way Bill***, c'est un document **non négociable**.
- Les marchandises sont remises par le transporteur au destinataire mentionné dans la case 2.

II. L'ÉMISSION

- Elle est établie légalement par l'expéditeur, en pratique par l'agent de fret et signée par la compagnie aérienne.
- Émise en **3 originaux** (transporteur, expéditeur, destinataire) **+ 6 à 11 copies.**

III. LES CATÉGORIES DE LTA

Une LTA peut couvrir plusieurs transports aériens successifs.

Dans le cas d'un groupage, on distinguera :

La Master Air Way Bill (MAWB)	ou LTA mère, émise pour couvrir l'ensemble des expéditions du groupeur de fret, qui est alors indiqué comme le chargeur.
La House Air Way Bill (HAWB)	ou LTA fille qui correspond à un lot et sera remise à chaque chargeur pour le lot qui le concerne. Il y aura autant de HAWB que de lots, et une seule MAWB.

À SAVOIR

S'ajoutent éventuellement au fret des surcharges, comme en maritime. Les plus fréquentes étant les surcharges BAF, IRS (Insurance Risk Surcharge) consécutive aux attentats du 11 septembre 2001, la taxe de sûreté, la taxe de LTA.

FICHE 52

LE TRANSPORT ROUTIER

Il constitue le mode de transport incontournable, puisqu'il est une prestation complémentaire indispensable des autres moyens de transport. Son concurrent direct est le ferroviaire, surtout sur les moyennes distances.

I. LA PRÉSENTATION

A • Cadre juridique

Convention de Genève (1956) dite convention CMR (Convention relative au contrat de transport international de Marchandises par Route).

B • Organisation

Le secteur du transport routier est très atomisé, constitué de très nombreuses entreprises de tailles diverses, allant des grandes compagnies intégrant tous les services logistiques au routier indépendant.

C • Caractéristiques techniques

Il existe de très nombreux types de camions, et l'offre de transport routier est très segmentée : transport par lots, transport spécialisé (température dirigée, convois exceptionnels), transport de niche (verre plat), messagerie (envois de détail en général inférieurs à 3 tonnes), groupage... Il existe aussi de nombreux intermédiaires : les affréteurs routiers.

Avantages	Inconvénients
– Permet le porte à porte – Flexibilité	– Délais

II. LES PRINCIPES DE TARIFICATION

La liberté des tarifs, liée à une très forte concurrence, permet au chargeur d'avoir une marge de négociation importante.
Deux critères sont toujours déterminants pour la fixation du prix en routier :

A • Nature de la marchandise, son poids et son volume

1. Si la marchandise est particulièrement volumineuse, l'expédition se fait en camion complet. Cette tarification est toujours forfaitaire. Elle est négociée au coup par coup et dépend : de la destination, des délais exigés et du type de camion et de sa disponibilité.

2. S'il s'agit de petites quantités, l'expédition se fera en groupage : messagerie pour les envois de moins de 3 tonnes et contrat général pour les autres envois. La cotation pourra alors être faite en fonction :

- du poids et du volume :

La base de tarification générale est 1 t = 3 m^3

Le poids retenu pour la taxation sera le poids théorique ou le poids réel à l'avantage du transporteur.

- de la surface au sol (mètre de plancher) occupé ;
- de la destination.

Ainsi, pour la messagerie, les commissionnaires de transport proposent souvent des tarifs établis par zone de destination.

B • Distance ou provenance

Car le kilométrage varie alors, mais aussi le type et la qualité des infrastructures, les coûts éventuels de péages, taxes, la possibilité de revenir avec du fret...

III. La lettre de voiture CMR

A • Définition

1. Le contrat de transport routier est matérialisé par la lettre de voiture CMR, suivant la convention de Genève.

2. La lettre de voiture CMR est **non négociable**.

B • Émission

1. Elle est émise par le transporteur ou le transitaire sur les instructions du chargeur.

2. Elle est signée par le transporteur et l'expéditeur.

3. Émise en **3 originaux** (transporteur, expéditeur, destinataire) + **plusieurs copies** si besoin.

4. La signature du destinataire à l'arrivée permet de constituer la preuve de la livraison.

À SAVOIR

La bourse de fret est un intermédiaire électronique du transport, où se rencontrent l'offre et la demande de véhicules et de fret. Rapide et sécurisée, elle permet au transporteur d'optimiser son parc roulant en évitant les retours à vide et les km d'approche.

LE TRANSPORT FERROVIAIRE

I. LE CADRE JURIDIQUE D'ORGANISATION

A • Cadre juridique

Convention de Berne dite CIM (1890) et COTIF (Convention relative aux Transports Internationaux Ferroviaires) née de la révision de la CIM de 1983, qui permettent de disposer de règles uniformes pour le transport ferroviaire.

B • Organisation

De mieux en mieux organisé avec le développement du transport combiné, et notamment le ferroutage ; le raccourcissement des délais, de mieux en mieux respectés et le développement de services spéciaux (express, wagons ou trains complets...).

II. LES PRINCIPES DE TARIFICATION

Les prix changent d'un pays à l'autre, et ne sont pas réglementés par la convention CIM. Néanmoins, la tarification est harmonisée.

Cette tarification varie en fonction de la classe de la marchandise et du type de wagons, du poids, du kilométrage parcouru et de l'existence ou non d'accords bilatéraux ou multilatéraux sur les tarifs.

III. LA LETTRE DE VOITURE INTERNATIONALE (LVI)

A • Définition

1. Le contrat de transport ferroviaire est matérialisé par la lettre de voiture internationale (LVI).
2. La LVI constitue la preuve de la prise en charge de la marchandise en bon état apparent, à la date du timbre de la gare émettrice.
3. La lettre de voiture LVI est **non négociable**, et n'est **pas réclamée à l'arrivée**.

B • Émission

1. Une lettre par expédition ou par wagon.
2. Elle est complétée en partie par l'expéditeur et en partie par les chemins de fer.
3. Liasse de 5 feuillets numérotés.

LES AUTRES MODES DE TRANSPORT

I. L'AVENIR EST AUX TRANSPORTS COMBINÉS

A • Définitions

1. Le transport **intermodal** consiste en l'acheminement de marchandises **dans le même contenant** nommé UTI (unité de transport intermodal) qui peut être une caisse mobile ou un conteneur, **par au moins deux modes de transport successifs**.

L'UTI peut ainsi emprunter différents modes de transport successifs : maritime, routier, aérien, fluvial, ferroviaire, sans empotage ni dépotage.

2. Le transport **multimodal** : acheminement d'une marchandise empruntant deux modes de transport au moins.

3. Le transport **combiné** : transport intermodal dont les parcours principaux sont, en Europe, effectués par rail, fluvial ou mer, et dont les parcours initiaux et/ou terminaux se font par route et sont les plus courts possible.

B • Organisation et contrat

1. Le transport intermodal nécessite des installations particulières à chaque point de transfert des UTI d'un mode de transport à un autre.

2. Il permet d'**éviter les ruptures de charges**.

3. Un **contrat de transport unique est conclu entre le client** (expéditeur ou destinataire) et **une entreprise spécialisée qui gérera l'opération de bout en bout** et qui aura éventuellement recours à des sous-traitants pour certaines prestations.

II. LES CAS PARTICULIERS

- Le transport **bimodal** ou *Road Railer* permet de transformer une semi-remorque en wagon ferroviaire, et donc d'éviter la manutention coûteuse des UTI. Il est aussi beaucoup plus rapide, et ne nécessite pas d'installations sophistiquées.

- Le **ferroutage** : des remorques ou semi-remorques routières (de types particuliers : RETC, SRTC...) sont acheminées sur des wagons plats. Souple et réactif, il permet d'acheminer des tonnages supérieurs au routier seul.

• Le ***Sea-Air*** permet de combiner le maritime à l'aérien. Il permet d'acheminer les marchandises plus rapidement qu'en maritime seul, sans atteindre les coûts de l'aérien.

• Le **RO/RO** : consiste à charger des véhicules de transport routier à bord de navires rouliers.

• Le **fluvio-maritime** : ce sont des navires qui peuvent naviguer aussi bien en haute mer que sur des voies d'eau navigables à grand gabarit comme le bassin Rhône-Saône.

À SAVOIR

• Dans le **ferroutage**, le camion tout entier peut être acheminé avec son conducteur ! On parle alors de transport combiné « accompagné ». Il est « non accompagné » si les unités de chargements voyagent seules.

• Le **ferroutage** est plus respectueux de l'environnement, il permet aussi de désengorger le trafic routier et offre une sécurité accrue, notamment pour le transport des marchandises dangereuses.

Quant au transport **fluvial**, il est le plus fiable, le plus silencieux, et le plus économe. Les pouvoirs publics souhaitent le développer, avec des projets comme le Canal Seine Nord Europe.

L'ASSURANCE TRANSPORT

Il n'y a aucune obligation pour le chargeur de souscrire une assurance, sauf dans les opérations sous incoterms CIP et CIF. Mais en cas d'avarie, il n'aura alors droit à aucune autre indemnité que celle de son transporteur, qui est limitée par les conventions de transport et sous conditions. (Par exemple, pour un envoi en messagerie en routier : 23 € par kilo et par objet avec un maximum de 750 € par colis.)

I. POURQUOI S'ASSURER ?

Le chargeur peut, s'il trouve les plafonds des indemnités prévues par les conventions de transport insuffisantes, et moyennant un prix appelé prime, souscrire une police d'assurance. Il déclare alors une valeur. Le dommage sera indemnisé à hauteur du montant déclaré, sauf si la responsabilité du transporteur n'est pas engagée.
Les causes d'exonération de la responsabilité du transporteur peuvent être :

- la faute ou un ordre inadapté de l'expéditeur, et notamment un emballage inadapté ;
- un vice propre de la marchandise ;
- la force majeure.

II. LES DIFFÉRENTS TYPES DE POLICES

Police au voyage	Couvre les marchandises pour un trajet précis dans le cadre d'une expédition isolée. Adaptée pour les entreprises ne réalisant que quelques opérations dans l'année.
Police à aliment	Couvre les marchandises dans le cadre d'une opération dont les paramètres de date, valeur, mode de transport ne sont pas connus à l'avance. L'assuré informe l'assureur du détail de l'expédition au fur et à mesure.
Police au chiffre d'affaires ou à abonnement	Police couvrant l'ensemble des expéditions d'une entreprise pour une durée d'un an reconductible. Adaptée pour les entreprises réalisant une part importante de leur CA à l'export.
Cas particulier : tiers chargeur	Gérée par le transitaire pour le compte de son client.

III. Les risques encourus par les marchandises

A • Notion d'avarie

1. Perte ou avarie

Dommage ou manque survenu à la marchandise, provenant soit d'événements survenus au cours du transport (accident...), soit à la marchandise elle-même (perte, chute...).

2. Notion d'avarie commune

Risque très important spécifique au maritime, et selon lequel les parties concernées par un voyage maritime participent, à proportion de leurs valeurs (navire ou cargaison) finalement sauvées, aux dommages et aux frais engagés à l'occasion du sauvetage du navire et de sa cargaison.

B • Risques encourus par les marchandises lors de leur expédition

Risques communs	Risques spécifiques...
– Risques liés à la **manutention** ou à l'**arrimage** (défaillance des instruments, fausse manœuvre...), au **stockage** (marchandises écrasées...) ; – **Vol et chapardage**, effraction, détournement, erreur de destination... – **Incendie**, **explosion**, fumées, chaleur, réactions chimiques... – **Dégâts causés par l'eau**, du fait d'orages, de tempêtes, condensation, mauvaise étanchéité des conteneurs... – **Conflits politiques ou sociaux** : guerre, grève des dockers ou transporteurs... ; – **Contamination des marchandises.**	**...au mode de transport utilisé** – **Maritime** : dommages dus aux mouvements, naufrage, collision, mauvais entretien des conteneurs... – **Aérien** : dommages dus aux accélérations, décélérations, inclinaison, trous d'airs et turbulences... – **Ferroviaire** : dommages dus aux accélérations, décélérations, chocs entre les wagons, déraillement... – **Routier** : dommages dus aux accélérations, décélérations, freinage, attelage, vibrations... **...à la nature du produit** les risques seront différents pour un produit chimique, périssable, alimentaire, de haute technologie... **...au pays de destination** état des infrastructures, climat, risque politique...

À SAVOIR

En CIF ou en CIP, le souscripteur de l'assurance n'est pas le bénéficiaire.

Gérer un sinistre

I. La gestion des sinistres

A • Si aucune assurance n'a été souscrite

• Celui qui a subi le préjudice doit faire tout seul une demande d'indemnisation au transporteur en se référant aux procédures prévues par la convention de transport concernée.

• L'indemnisation se limitera à celle prévue par la convention de transport concernée.

• Le transporteur peut contester sa responsabilité en invoquant une cause d'exonération.

B • Si une assurance a été souscrite

• Le contrat d'assurance prévoit une **procédure**, une **assistance**, une **indemnisation.**

• Celui qui a subi le dommage ouvre un **dossier de sinistre** auprès de son assurance.

• Un certain nombre de **pièces** est nécessaire pour le dossier sinistre :
  - titre de transport ;
  - certificat d'assurance ;
  - bon de livraison, de prise en charge, de groupage ;
  - devis ou facture de remplacement ou de réparation ;
  - rapport d'expertise éventuel, certificat de perte le cas échéant.

• L'assureur vérifie les conditions du dommage, le dossier, verse le montant de l'indemnité si justifiée. Il peut rechercher la responsabilité du transporteur ou de son représentant et engager leur responsabilité.

C • Le rôle des réserves

• Portées par le destinataire, à l'arrivée sur le document de transport ou sur le bon de livraison, elles constituent l'**unique moyen juridique de mettre en jeu la présomption de responsabilité du transporteur**.

• Elles doivent être précises et motivées.

• Les dommages apparents font l'objet d'un constat avec le chauffeur ou le transporteur.

• Les dommages non apparents doivent être spécifiés par courrier dans un délai de 7 jours en routier, 3 jours en maritime, 14 jours en aérien.

• Lorsque le transporteur a lui-même émis des réserves lorsqu'il a pris en charge les marchandises, les réserves peuvent alors lui permettre de dégager sa responsabilité.

D • Le contenu des garanties

Le contenu de chaque police varie en fonction de l'objet, de la durée, des risques couverts.

II. La gestion du sinistre : trois modes de transport

A • Par voie maritime

	Risques couverts				
	Avarie commune	**Avarie particulière**	**Frais liés à l'avarie**	**Vol**	**Guerre, grèves et assimilés**
FAP sauf (franc d'avarie particulière sauf)	x	x	x	–	–
TR (tous risques)	x	x	x	Extension possible	Extension possible
Objet	Garantie de bout en bout, quel que soit le mode de transport utilisé mais dans la mesure où il existe au moins un transport maritime : peut donc couvrir des post et/ou pré-acheminements autres que maritime.				
Durée de la garantie	Depuis la remise au transporteur (date de connaissement) jusqu'à 60 jours après le déchargement du dernier navire de mer.				

B • Par voie aérienne

	Risques couverts				
	Avarie commune	**Avarie particulière**	**Frais liés à l'avarie**	**Vol**	**Guerre, grèves et assimilés**
TR (tous risques)	–	x	x	x	x
Objet	Garantie de bout en bout.				
Durée de la garantie	Depuis la remise au transporteur (date de LTA) jusqu'à 15 jours après l'arrivée de l'avion à l'aéroport de destination.				

C • Par voie terrestre

	Risques couverts				
	Avarie commune	**Avarie particulière**	**Frais liés à l'avarie**	**Vol**	**Guerre, grèves et assimilés**
TR (tous risques)	–	x	x	x	Extension possible
Accidents caractérisés	–	x	x	–	
Objet	Garantie du magasin de départ au magasin de destination.				
Durée de la garantie	Depuis la remise au transporteur jusqu'à 15 jours après l'arrivée dans le magasin de destination.				

LES DOUANES : MISSIONS

Dès la plus haute Antiquité, les États ont prélevé des impôts sur les marchandises franchissant les frontières. Le but principal était de remplir les caisses de l'État, mais aussi d'éviter les sorties de marchandises et les risques de pénurie.

I. UN PEU D'HISTOIRE

• En **France**, aux XVIe et XVIIe **siècles**, les droits de douanes semblent d'une **diversité sans limite à l'intérieur même du territoire.** Il paraît très difficile alors d'unifier l'ensemble du territoire français en un territoire douanier.

• Il faut attendre Colbert pour voir l'**instauration d'un tarif douanier** en 1664, établissant une protection modérée, puis en 1667, une protection plus sévère face à la Hollande et à l'Angleterre.

• À la veille de la Révolution, en 1789, les droits sont gérés par la « **Ferme générale** » qui compte 700 personnes à Paris et contrôle 42 divisions en province et 25 000 agents, ce qui en fait une administration énorme pour l'époque ! Au moment de la Révolution, la Ferme générale est nationalisée, les dernières barrières douanières intérieures abolies.

• **Napoléon Bonaparte** accentue le rôle des douanes dans le cadre de son expansionnisme impérial.

• **Napoléon III** l'assouplie, dans le cadre d'une politique plus favorable au libre-échange (vers 1860).

• La **crise de 1929** voit un regain du protectionnisme.

• **Après la 2e guerre mondiale** et à partir des années 50, **les échanges se libéralisent**, le commerce extérieur français se développe et se diversifie, les douanes doivent s'adapter et se simplifient dans le cadre de l'UE et du GATT.

• En 1992, le **traité de Maastricht** concrétise le processus de création européenne avec l'Union européenne (entrée en vigueur au 1er janvier 1993).

II. LES MISSIONS ACTUELLES DES DOUANES

Initialement, le rôle des douanes consistait à percevoir les droits et taxes dus à l'entrée sur le territoire national, à lutter contre les trafics illicites, et à contrôler les personnes aux frontières.

Aujourd'hui, son rôle s'est étendu, et on peut dénombrer une quinzaine de missions :

1. Administration fiscale : perception des droits et taxes.
2. Protection des intérêts financiers de l'UE, et lutte contre les fraudes.
3. Veille au respect de pratiques commerciales loyales et au respect des accords commerciaux.
4. Garantit le bon fonctionnement de la PAC.
5. Veille au respect des règles de production, de commercialisation et de circulation de nombreux produits (vins, tabac...).
6. Élabore les statistiques du commerce extérieur (grâce au DAU).
7. Veille à la protection du consommateur.
8. Joue un rôle au niveau de la sécurité des transports : contrôle des autorisations, surveillance des côtes...
9. Lutte contre les grands trafics.
10. Contribue à la sécurité publique (lutte contre le terrorisme, contrôle des produits stratégiques).
11. Lutte contre la contrefaçon.
12. Contribue à la protection de l'environnement (lutte contre les trafics d'animaux ou de plantes en voie d'extinction, contrôle des déchets...).
13. Protection du patrimoine culturel.
14. Contrôle de l'immigration et lutte contre le travail clandestin.
15. Missions spécifiques en mer pour lutter contre les trafics de toute nature.

À SAVOIR

Colbert (1619-1683) était le contrôleur général des finances de Louis XIV. Il a favorisé l'industrie et le commerce, en s'appuyant sur des théories mercantilistes et des mesures protectionnistes, incitant les exportations et limitant les importations.

Mercantilisme : doctrine économique née aux XVIe et XVIIe siècles, suite à la découverte des mines d'or et d'argent américaines, et qui préconise une politique protectionniste.

LES DOUANES : ENJEUX ACTUELS

I. QUELS ENJEUX ?

• L'Union européenne a fêté en 2008 ses 40 ans d'union douanière !

• C'est l'occasion pour les douanes européennes... et donc les douanes françaises d'**évoluer fortement**, vers ce que la DGDDI (Direction Générale des Douanes et des Droits Indirects) nomme les 3S :

Simplification, sécurité, services

↓

Ce qui passe par **une dématérialisation croissante des procédures douanières via Internet**, avec une interconnexion complète de tous les services douaniers, de tous les États membres, depuis 2013.

• En France, la douane électronique s'appelle DELT@ et offre aux entreprises françaises des procédures accélérées et sécurisées.

• L'Union européenne se dote ainsi d'un nouveau code des douanes communautaires.

II. POUR QUELLES RAISONS ?

• Pour favoriser la compétitivité des entreprises : des procédures plus simples, plus favorables, plus rapides.

• Pour répondre aux évolutions d'un environnement douanier et commercial de plus en plus informatisé.

• Pour prendre en compte l'évolution des tâches effectuées par les autorités douanières face à la demande des entreprises.

• Pour s'adapter aux changements importants du contexte international : le GATT a fait place à l'Organisation Mondiale du Commerce (OMC), la globalisation des échanges s'est accélérée, de nouveaux acteurs apparaissent, les poids relatifs des différentes économies mondiales changent, et, surtout, des dangers majeurs ont vu le jour, comme le terrorisme ou la crise de 2008/2009.

• Pour rendre l'Europe plus sûre.

III. La lutte contre la contrefaçon : une priorité !

Quatre défis majeurs face à la mondialisation et à la diversification du phénomène :

- la lutte contre la criminalisation de la contrefaçon ;
- la lutte contre les contrefaçons dangereuses pour la santé et la sécurité des consommateurs (ex. : contrefaçon de médicaments, de jouets, de pièces automobiles) ;
- la lutte contre la contrefaçon via Internet (ex. : des médicaments jusqu'aux lentilles de contact contrefaites sont distribués sur Internet !) ;
- la lutte contre l'expansion du phénomène.

Principaux sites d'information	
http://europa.eu/scadplus	http://eur-lex.europa.eu

FICHE 59

LES PRINCIPES DE BASE DU TRAITEMENT DOUANIER

À la base de toute opération douanière, **3 principes essentiels** doivent être respectés.

I. L'ESPÈCE TARIFAIRE

C'est un code numérique attribué à chaque marchandise qui permet de déterminer :

- **à l'import** : les formalités (sanitaires, phytosanitaires...), les restrictions quantitatives éventuelles (contingentement), le taux de douane, de TVA, les taxes parafiscales à appliquer, l'application éventuelle de droits réduits ou d'exonération...
- **à l'export** : les normes applicables ;
- **à l'import comme à l'export**, elle permet l'enregistrement dans les statistiques du commerce extérieur.

Pour trouver l'espèce tarifaire d'un produit, il faut faire un choix dans une nomenclature très détaillée puisque comportant près de 16 000 rubriques de classement à 10 chiffres :

Système Harmonisé (SH) 6 premiers chiffres	Base du tarif douanier, il est utilisé par plus de **160 pays.**
Nomenclature Combinée (NC) 8 premiers chiffres	Nomenclature combinée à 8 chiffres de l'Union européenne. Mentionnée sur la DEB pour les acquisitions intracommunautaires.
Tarif Intégré des Communautés Européennes (TARIC) 10 chiffres	2 chiffres supplémentaires permettent d'intégrer les mesures réglementaires de l'UE. *La NDP (12 chiffres + 1 lettre) est supprimée depuis la mise en place du nouveau DAU et du nouveau système informatique Delta.*

En cas de difficulté à déterminer l'espèce tarifaire d'un produit, l'entreprise peut solliciter l'avis de la douane grâce à la **procédure de RTC** (Renseignement Tarifaire Contraignant).

II. La notion d'origine des marchandises

Il est indispensable de connaître la « nationalité économique » des marchandises pour déterminer le traitement douanier des marchandises, et en particulier si elles vont bénéficier de **préférence**.

A • Notion commune d'origine

Il s'agit d'« une marchandise dans la production de laquelle sont intervenus deux ou plusieurs pays est originaire du pays où a eu lieu la dernière transformation ou ouvraison substantielle, économiquement justifiée, effectuée dans une usine équipée à cet effet, et ayant abouti à la fabrication d'un produit nouveau ou représentant un stade de fabrication important. »

B • Origine préférentielle

Elle confère certains avantages aux marchandises échangées entre certains pays.

III. La valeur en douane

La valeur en douane est la valeur de la marchandise au **point d'entrée dans l'Union européenne.**

C'est la **base de perception des droits de douane.**

Le déclarant doit ajouter ou déduire certains éléments (frais de transport, assurance...) de la **valeur transactionnelle VT** (valeur facture) en fonction de l'incoterm retenu.

Elle correspond à un CIF en maritime, à un DAF en terrestre, à un [CIP – part de survol de l'UE (frêt et assurance)] en aérien.

FICHE 60

LE CALCUL ET LE PAIEMENT DE LA DETTE DOUANIÈRE

I. LES CARACTÉRISTIQUES

En principe, la dette douanière **doit être acquittée dès l'entrée de la marchandise sur le territoire communautaire** pour disposer du BAE (Bon à Enlever) et pouvoir enlever les marchandises.

À SAVOIR

En cas de difficulté à déterminer l'origine d'un produit, l'entreprise peut solliciter l'avis de la douane grâce à la **procédure de RCO** (Renseignement Contraignant sur l'Origine).

Principaux sites d'information

http://www.douane.gouv.fr http://pro.douane.gouv.fr

En pratique, deux crédits cumulables permettent de différer ce paiement :

- **Crédit de droits et taxes** : Durée : 120 jours ; paiement d'intérêts ; remise spéciale ; obligation cautionnée.
- **Crédits d'enlèvement** : Durée : 30 jours ou paiement le mois suivant pour les procédures simplifiées, remise de 1 % sur la liquidation ; soumission cautionnée.

Le paiement de la dette douanière peut aussi être suspendu ou différé en fonction des régimes douaniers.

II. LA MLP ET LA MAC

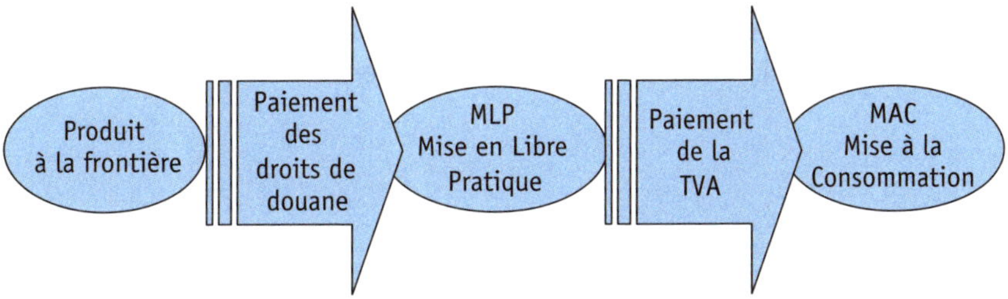

• **Les droits de douanes doivent être acquittés** pour que la marchandise acquière le **statut communautaire** et puisse **circuler librement** sur le territoire communautaire. Si la MLP n'est pas effectuée dès l'entrée sur le territoire communautaire, il faudra demander un **régime de transit**.

• **Les droits de douanes** sont **harmonisés** au niveau communautaire : le « **Tarif Extérieur commun** » ou **TEC** varie selon la nature de la marchandise et son origine, mais sera commun à tous les pays membres de l'UE.

• **La TVA** doit être versée pour que la marchandise puisse être **commercialisée.**

III. Les étapes du calcul de la dette douanière

Exemple :

- *Dédouanement à Anvers.*
- *Marchandise en provenance de Chicago.*
- *Valeur facture = FOB New York = 55 000 €.*
- *Fret maritime bord-bord, assurance comprise = 5 000 €.*
- *TEC = 10 % – TVO.*

1. Calcul de la valeur en douane	*Valeur en douane = CIF Anvers = 60 000 €*
2. Calcul des droits de douanes	*Droits de douane = valeur en douane × TEC = 60 000 × 10 % = 6 000 €*
3. Calcul de l'assiette de la TVA	*Ici dédouanement à Anvers : assiette TVA = 60 000 + 6 000 = 66 000 €*
4. Calcul de la TVA	*66 000 × 19,6 % = 12 936 €*
5. Calcul des taxes parafiscales éventuelles	–
6. Calcul de la dette douanière	*Droits de douanes + TVA + taxes parafiscale = 6 000 + 12 936 = 18 936 €*

Important : le montant de l'**assiette de la TVA** pour le calcul de la dette douanière varie en fonction du **premier lieu de destination** des marchandises (cas d'une MAC différée), alors que la valeur en douane est toujours celle au point d'entrée dans l'UE, quel que soit le lieu de dédouanement. Le lieu où sera acquittée la TVA est important : l'entreprise doit pouvoir la déduire.

LES OPÉRATIONS DE DÉDOUANEMENT

I. LES PROCÉDURES DE DÉDOUANEMENT

Elles décrivent les procédures qui doivent être suivies pour réaliser le dédouanement des marchandises.

Depuis la mise en place en France du **nouveau système informatique douanier Delt@** le 1er janvier 2007, il y a **deux catégories de procédures** :

Procédure de droit commun *Pour les opérateurs occasionnels*	– Présentation physique des marchandises aux douanes (1 jour franc à l'import pour la conduite en douane ; immédiatement à l'export, et délai de trois jours pour réaliser le DAU). – Établissement du DAU, présentation du DAU et de tous les documents justificatifs nécessaires. – Contrôle éventuel par la douane. – Paiement de la dette douanière pour enlèvement des marchandises.

Procédures de dédouanement à domicile (4 types)
 	
Pour les opérateurs ayant un important volume d'importations et/ou d'exportations
	1. Procédure de Dédouanement à Domicile (PDD)
	– Le dédouanement s'effectue dans les locaux de l'entreprise, sans passer par le bureau de douane.
	– La PDD s'effectue grâce à la DCG (Déclaration Complémentaire Globale), mensuelle ou décadaire.
	– Facilite et accélère les opérations de dédouanement, qui peuvent être faites 24 h/24 et 7 j/7.
	– Accordée sous certaines conditions (garanties financières, volume, locaux adaptés).
	– Pour l'obtenir, l'entreprise doit :
	  – déposer une demande aux douanes ;
	  – signer une convention ;
	  – à l'import : toujours adresser un avis d'arrivée aux douanes ;
	  – à l'export : proposer aux douanes un planning d'exportations fiable et toujours adresser un avis d'expédition.

	2. Procédure de Dédouanement Unique (PDU) – Adapté aux entreprises disposant **de plusieurs sites sur un même territoire national**. – Permet de n'avoir qu'une seule domiciliation auprès d'un bureau de douanes (au choix de l'opérateur), et plusieurs bureaux de rattachement. – Il n'y a qu'une seule DCG pour l'ensemble des sites. – Autorisation de la compétence de la DGDDI de Paris, autres conditions : idem PDD.

	3. Procédure de Dédouanement Unique Communautaire (PDUC) - Adapté aux entreprises disposant de **plusieurs sites dans plusieurs États membres de l'UE**. - Permet de n'avoir qu'une seule domiciliation auprès d'un bureau de douanes (au choix de l'opérateur). - Dispositif semblable à celui de la PDD pour le reste.
	4. Procédure Express - Procédure spéciale pour les colis postaux et express. - Concerne les groupeurs aériens de petits colis de type DHL...

II. LES DOCUMENTS DOUANIERS

Le dédouanement nécessite l'établissement du DAU (Document Administratif Unique), progressivement simplifié et dématérialisé, et d'un certain nombre de documents justificatifs.

Le DAU	- Formulaire douanier communautaire unifié utilisé par tous les États membres depuis 1988, ainsi que par certains partenaires (AELE, DOM...), pour leurs échanges avec les pays tiers. - Support de la déclaration de détail à l'import et à l'export.
Autres documents justificatifs pouvant être nécessaires	- Documents **commerciaux** : facture, liste de colisage, note de poids... - Documents prouvant la **valeur** : DV1 - Documents prouvant l'**origine** préférentielle : EUR1 (zone Paneuromed, Balkans, Mexique, Chili, ACP, PTOM), ATR pour la Turquie, Certificat d'Origine « Form A » en faveur des pays émergeants. - **Licences** d'importation ou d'exportation (en cas de contingentement par exemple). - Passeports sanitaires ou phytosanitaires. - Documents de transit...

À SAVOIR

La soumission D 48 est une procédure qui permet à l'opérateur auquel il manquerait certains documents de s'engager à les produire aux douanes dans un certain délai, et de réaliser quand même son dédouanement.

Zone paneuromed : Europe à 27, Turquie, Îles Féroé, AELE (Suisse, Liechtenstein, Norvège et Islande), pays méditerranéens concernés par le processus de Barcelone (Algérie, Maroc, Tunisie, Égypte, Jordanie, Israël, Liban, Cisjordanie, Bande de Gaza, Syrie).

Zone ACP : 79 Pays d'Afrique, Caraïbes, Pacifique, signataires de la convention de Lomé.

PTOM : Pays et Territoires d'Outre-Mer dépendant de la France (Mayotte, Nouvelle Calédonie, Polynésie française, St-Pierre et Miquelon, Wallis et futuna...), du Danemark (Groenland), du Royaume-Uni, des Pays-Bas.

LES RÉGIMES DOUANIERS

Lorsque l'opérateur importe ou exporte une marchandise, il doit choisir un régime douanier approprié et le spécifier lors du dédouanement.

I. LE RÉGIME DE DROIT COMMUN

Il concerne les opérations d'importation et d'exportation définitives.

• **À l'exportation** : exonération de droits de douanes et de TVA, mais réalisation du DAU pour établir les statistiques du Commerce Extérieur. Les marchandises peuvent être contrôlées.

• **À l'importation** : MLP et MAC, paiement de la dette douanière, contrôles éventuels.

La MAC et la MLP doivent théoriquement être faites simultanément au point d'entrée dans l'UE.
Les régimes de transit permettent de différer la MLP et la MAC. (*cf.* II).

II. LES RÉGIMES ÉCONOMIQUES

• Ils permettent d'importer ou de réimporter des marchandises en **suspension** de droits et taxes.

• Ils sont adaptés à **trois catégories** de besoins spécifiques de l'entreprise : au **stockage**, à l'**utilisation**, et à la **transformation** des marchandises.

• Les marchandises peuvent être placées sous **plusieurs régimes** économiques différents **successivement**.

A • Les régimes adaptés au stockage des marchandises

Régime	Description	Intérêt
Entrepôt douanier à l'importation	– Les marchandises sont stockées dans des entrepôts agréés (publics ou privés). – L'opérateur sort les marchandises au fur et à mesure de ses besoins. – Les droits et taxes ne sont acquittés que lors de la sortie des marchandises de l'entrepôt, au taux applicable à cette date.	– Gain de trésorerie important : report du paiement des droits et taxes. – Si les marchandises sont finalement ré-exportées vers un pays tiers, l'entreprise n'aura pas à acquitter de droits ni de taxes. – La durée de stockage est illimitée !

Entrepôt douanier à l'exportation	- Les marchandises sont stockées dans des entrepôts agréés (publics ou privés) à l'export. - Elles sont considérées comme exportées administrativement. - L'opérateur expédie les marchandises au fur et à mesure des commandes.	- Permet de bénéficier immédiatement des avantages fiscaux liés à l'exportation. - Évite de stocker à l'étranger.

B • Les régimes adaptés à l'utilisation des marchandises

Régime	Description	Intérêt
Admission temporaire	- Concerne les marchandises dont l'entreprise a besoin pour essais, exposition, matériel pédagogique... - Limité à 2 ans. - L'opérateur importe temporairement en exonération totale ou partielle* de droits et taxes. *au prorata du temps d'utilisation : 3 % des droits de douane par mois, totalité de la TVA.	- Exonération totale ou partielle de droits et taxes.
Exportation temporaire	- Permet de ré-importer en exonération de droits et taxes des marchandises temporairement utilisées hors UE. - Concerne les mêmes marchandises que ci-dessus.	- Facilite ce type d'opérations, sans avoir à acquitter des droits et taxes à la ré-importation.
Carnet ATA	- Couvre l'exportation temporaire et le transit d'échantillons ou d'objets d'exposition dans plusieurs pays successifs hors UE. - Carnet disponible auprès de la CCI.	- Particulièrement adapté aux foires, salons, expositions...

À SAVOIR

L'entreprise ne peut pas transformer les marchandises dans l'entrepôt : elle peut cependant procéder à des « **manipulations usuelles** » afin d'assurer leur conservation, leur qualité, d'améliorer leur présentation ou leur distribution (allotissement, échantillonnage).

C • Les régimes adaptés à la transformation des marchandises

Ce sont des régimes adaptés aux situations de sous-traitance.

Régime	Description	Intérêt
Perfectionnement Actif	– Permet d'importer des marchandises tierces en exonération de droits et taxes, de les transformer, et de ré-exporter les produits finis obtenus.	– Ne pas pénaliser la compétitivité prix de ces exportations par une taxation sur les composants.
Transformation sous douane	– La transformation a lieu dans un entrepôt sous douane. – Le dédouanement est différé à la sortie de l'entrepôt, le taux applicable est donc celui sur les produits finis et non sur les composants.	– Intéressant si le montant des droits et taxes applicables sur les produits finis est moins élevé que celui sur les composants importés.
Perfectionnement Passif	– Permet d'exporter des marchandises européennes, de les transformer dans un pays tiers, et de ne payer des droits et taxes à la réimportation que sur la différence entre le montant des droits et taxes sur les produits finis et celui sur les composants (principe de la taxation différentielle).	– Permet de ne pas pénaliser la compétitivité prix de ces opérations. – Évite de stocker à l'étranger.

Remarques :

– Le perfectionnement passif « réparation » permet de renvoyer en dehors de l'UE du matériel en vue de sa réparation, voire d'un échange standard.

– Une forme de « compensation à l'équivalent » est prévue pour ces régimes et permet d'utiliser une marchandise à statut communautaire « équivalent ».

Exemple de taxation différentielle :

Composants d'une valeur de 30 000 € exportés au Canada pour ouvraison et assemblage. Les frais de transport et d'assurance vers le Canada s'élèvent à 4 000 €. Si ces composants étaient importés en France, le TEC serait de 10 % et la TVA de 19,6 %. La valeur de l'ouvraison et de l'assemblage au Canada est de 10 000 € et les frais de transport et assurance retour vers la France de 4 000 €.

Le produit réimporté n'a pas la même espèce tarifaire : le TEC est de 12 % et la TVA au taux ordinaire.

• ***Calcul des droits de douane :***

Valeur en douane = Valeur des composants : 30 000 €
+ transport aller et retour : 4 000 € + 4 000 €
+ ouvraison et assemblage au Canada : 10 000 €
= 48 000 €

Droits sur les produits réimportés : 12 % × 48 000 = 5 760 €
Droits théoriques sur les composants : 10 % × 30 000 = 3 000 €
Droits de douane finalement dus : 5 760 – 3 000 = 2 760 €

• ***Calcul de la TVA :***

Assiette TVA = Ouvraison et assemblage au Canada : 10 000 €
+ transport retour : 4 000 €
+ droits de douane : 2 760 €
= 16 760 €

TVA = 19,6 % × 16 760 EUR = 3 284 €

• ***Calcul de la dette douanière :***

droits de douane + TVA = 2 760 + 3 284 = 6 044 €

D • Cas particulier : les régimes de transit

Régimes permettant de transporter dans l'UE des marchandises non dédouanées (droits de douane non acquittés, MLP non effectuée).

Régime	Description	Exemple
Transit Communautaire Externe	– Marchandises non mises en libre pratique circulant entre deux points de l'UE.	– Marchandise en provenance de New York. Point d'entrée dans l'UE : port de Rotterdam, à destination de Berlin. Dédouanement à Berlin.
Transit Communautaire Interne	– Marchandises non mises en libre pratique circulant entre les DOM, entre les DOM et l'UE, entre l'AELE et l'UE, traversant un pays de l'AELE.	– Marchandise en provenance de Turin à destination de Berlin et traversant la Suisse.
TIR (Transit International Routier)	– Transport se terminant ou en provenance d'un pays tiers. Les pays doivent être signataires de la convention TIR.	– Adapté au transit par route ; marchandise en provenance de Moscou, à destination d'Amiens. Dédouanement à Amiens.

Les douanes intracommunautaires

Les échanges entre États membres de l'UE s'effectuent **sans formalité douanière** et **en exonération de droits de douane**. Ne subsistent que les obligations **fiscales** (TVA) et **statistiques** ; et l'établissement de la Déclaration d'Échange de Biens (DEB).

I. Les livraisons et les acquisitions

Au sein de l'UE, on ne parle ni d'exportations ni d'importations.

Juridiquement, le moment ou se produit le transfert de propriété entre l'acheteur et le vendeur est nommé :

- **livraison**, le transfert physique est quant à lui nommé **expédition** : envoi de marchandises d'un pays de l'Union européenne vers un autre pays de l'UE ;
- **acquisition**, le transfert physique étant nommé **introduction** : arrivée de marchandises communautaires sur un territoire national.

II. La DEB

La DEB permet aux entreprises de répondre de façon unique et simplifiée aux objectifs d'élaboration des statistiques du commerce extérieur et de surveillance du respect des règles fiscales en matière de TVA.

A • Émission

La DEB est émise par l'entreprise ou un commissionnaire en douane mandaté.
Déclaration mensuelle, au plus tard le 10e jour ouvrable du mois suivant.
Une déclaration par type de flux (une pour les introductions, une pour les expéditions) est nécessaire.

À SAVOIR

La DEB peut être faite manuellement : formulaire papier en ligne http://minefi.gouv.fr/formulaires ; ou de façon dématérialisée, après signature d'une convention avec les douanes, sur le site Prodouane ou grâce à un logiciel.

B • Quatre niveaux d'obligation

Introduction	Niveau d'obligation	Expédition
À partir de 2 300 000 € Déclaration détaillée	1	À partir de 2 300 000 € Déclaration détaillée
À partir de 230 000 € Déclaration détaillée Données limitées à fournir	2	À partir de 460 000 € Déclaration détaillée Données limitées à fournir
À partir de 150 000 € Déclaration simplifiée	3	À partir de 150 000 € Déclaration simplifiée
Pas de déclaration	4	Dès le 1er euro Déclaration simplifiée Données limitées à fournir

III. La TVA intracommunautaire

TVA : impôt général sur la consommation, qui frappe la valeur ajoutée au niveau de chaque entreprise.

Il existe deux régimes de TVA distincts pour une entreprise communautaire

• Le régime de TVA national

Dans le cadre d'une vente réalisée sur le territoire national, le vendeur facture la vente TTC à l'acheteur.

L'entreprise verse de la TVA à ses fournisseurs, et collecte de la TVA auprès de ses clients.

La TVA due par l'entreprise à l'État est la TVA collectée – la TVA versée

• Le régime de TVA avec les pays tiers

À l'importation, la TVA est due lors de la Mise à la Consommation. L'assiette de la TVA est la valeur acquise par la marchandise au premier lieu de destination.

À l'exportation, la vente est facturée hors taxes.

Voir aussi le calcul et le paiement de la dette douanière.

À SAVOIR

• Par premier lieu de destination, il faut entendre le lieu mentionné sur la lettre de course ou tout autre document de transport sous le couvert duquel les marchandises sont importées.

• Le vendeur a l'obligation de vérifier le n° d'identification fiscale de son client. Il peut le faire sur le site www.prodouane.fr ou sur le site www.europa.eu

FICHE 64

LE RÉGIME DE TVA INTRACOMMUNAUTAIRE

I. LE PRINCIPE

Lieu	- La TVA est **due dans le pays d'acquisition**, dès la livraison, fait générateur de la TVA.
Mécanisme et obligations des parties	- Le **vendeur facturera hors taxes**, à condition qu'il indique sur la facture le numéro **d'identification fiscale** de son client, et s'il peut justifier de l'expédition. - L'acheteur doit déclarer le montant des acquisitions communautaires sur sa déclaration fiscale : **déclaration CA3/CA4**, et versera volontairement la TVA due sur le montant de ses acquisitions communautaires, au taux de son pays. - Vendeur et acheteur doivent compléter la DEB.
Exigibilité	- **La TVA est exigible** le 15 du mois suivant l'acquisition, ou à la date de la facture si elle est établie avant le 15 du mois qui suit l'acquisition. ***Exemple :*** *Date de réception des biens : 08 septembre 2008, date d'exigibilité butoir : 15 octobre 2008.* *Si la facture est datée du 16 septembre 2008, la date d'exigibilité sera le 16 septembre 2008.* *Si la facture est datée du 28 octobre 2008, la date d'exigibilité sera le 15 octobre 2008.*

Remarque : *Si le vendeur ne dispose pas du numéro d'identification fiscale de son client, il est obligé de collecter la TVA au taux en vigueur dans son pays, et l'acheteur ne pourra pas la déduire.*

À SAVOIR

- Il est possible pour une entreprise communautaire d'obtenir le remboursement d'une TVA payée dans un autre État membre.
- Les achats dans d'autres États membres, à destination de l'exportation, seront également faits en exonération de TVA.
- Le numéro de TVA intracommunautaire est constitué du code pays (FR pour France), d'une clé informatique à 2 chiffres, et du numéro de SIREN de l'entreprise (9 chiffres).

II. Les cas particuliers

TVA sur les transports intracommunautaires	– **Distinguer** : le preneur (en fonction de l'incoterm), le lieu de départ, le prestataire ; la facture du transporteur concernant le transport, et celle du vendeur concernant les marchandises. – *Exemple :* *Une entreprise lilloise expédie des marchandises à Rome, transporteur français. L'entreprise française facture les marchandises HT à son client italien.* *Si le preneur est le vendeur français, le transporteur français lui facture le transport TTC.* *Si le preneur est l'acheteur italien, le transporteur français lui facture le transport HT.*
TVA sur les opérations de sous-traitance	– Le façonnier facture HT au donneur d'ordre qui paiera la TVA due sur le travail à façon au taux du pays de destination. – Si les produits finis sont réexpédiés dans un autre État membre : ils seront taxés sur la totalité dans le troisième État membre.

FICHE 65

LES INSTRUMENTS DE PAIEMENT : LE CHÈQUE ET LE VIREMENT

Exporter, c'est aussi **se faire payer, dans les temps, sans soucis et à moindre coût.** Sans paiement, tous les efforts de l'entreprise, qu'ils soient commerciaux ou logistiques, sont réduits à néant. On désigne par instrument de paiement la forme matérielle que prend le paiement, le support physique qui va permettre le transfert de la monnaie d'un compte sur un autre.

I. LE CHÈQUE

A • Notions

1. Définition : Le tireur (l'acheteur) donne l'**ordre écrit et inconditionnel de payer une somme déterminée au bénéficiaire (le vendeur)** ou au détenteur du chèque, qui présente le chèque à sa banque, qui se charge de créditer le compte du bénéficiaire par le débit du compte du tireur (de la banque duquel elle se sera rapprochée).

2. Deux types de chèques

• Le **chèque d'entreprise**, émis par le titulaire du compte. Il peut être **certifié**, c'est-à-dire que la banque du tireur appose son visa sur le chèque, attestant de la provision suffisante sur le compte.

• Le **chèque de banque** : émis par une banque à la demande du tireur. La banque s'engage donc à payer, ce qui présente une garantie de paiement.

3. L'encaissement

• **Sauf Bonne Fin (SBF)** : la banque du bénéficiaire crédite le compte de son client **avant** même d'avoir elle-même encaissé le chèque ;

• **Crédit Après Encaissement (CAE)** : la banque du bénéficiaire crédite le compte de son client **après** avoir elle-même encaissé le chèque.

B • Avantages et inconvénients du chèque

Avantages	Inconvénients
– Constitue et matérialise un titre de créance : peut donc être présenté comme preuve en cas de litige. – Sécurité des chèques certifiés et chèques de banques : une entreprise ayant un gros volume d'affaires sur un marché pourra ouvrir un compte local et utiliser ce mode de paiement national, pour procéder ensuite à des virements internationaux.	– Risque de vol, perte, falsification, absence de provision, opposition... – Délais d'encaissement parfois longs, et coûteux. – Risque de change si libellé en devises. – Manque d'harmonisation des systèmes bancaires et des législations nationales : instrument donc peu utilisé dans les paiements internationaux.

II. Le virement

A • Notions

1. Définition

Le virement est l'**ordre donné par le débiteur** (l'acheteur) **à sa banque de prélever, sur son compte, la somme due et de la transférer au crédit du compte de son créancier** (le vendeur). C'est un instrument très utilisé dans les opérations d'import/export.

2. L'IPI (*International Paiement Instructions*) : c'est une norme en matière de virement au niveau européen. Il permet de transmettre des informations de qualité et d'éviter les erreurs.
C'est un formulaire pré-imprimé, comprenant :
- le nom et l'adresse du bénéficiaire ;
- son IBAN ;
- les références et le montant de la facture ;
- le nom et l'adresse du débiteur.

3. Le réseau SWIFT (*Society for Worldwide Interbank Financial Telecommunications*) : la plupart des virements internationaux interbancaires sécurisés passent par ce réseau privé d'ordinateurs.

4. La zone SEPA : mise en place en 2008 par 31 pays, membres de l'UE ou de l'AELE, pour harmoniser les règles bancaires, faciliter les paiements intra-européens et baisser leur coût. Le *SEPA Crédit Transfert* permet de réaliser des virements parfaitement sécurisés, en trois jours, au prix d'opérations domestiques.

À SAVOIR

L'IBAN (*International Bank Account Number*) est un RIB (Relevé d'Identité Bancaire) à l'international et permet de communiquer, de façon fiable, les coordonnées bancaires de l'entreprise à ses partenaires. Il repose sur une norme ISO.
La zone SEPA a aussi pour objectif la lutte contre le blanchiment d'argent et contre le financement du terrorisme.

B • Avantages et inconvénients du virement

Avantages	Inconvénients
- Simple, rapide, sécurisé. - Le moins élevé des différents modes de règlements internationaux. - Très fiable si le virement est réalisé avant l'expédition !	- Il ne garantit pas le règlement : l'initiative du paiement est laissée à l'acheteur, et la créance n'est pas matérialisée. - Délais d'encaissement parfois longs. - Risque de change si libellé en devises.

LES INSTRUMENTS DE PAIEMENT : LA LETTRE DE CHANGE ET LE BILLET À ORDRE

I. LA LETTRE DE CHANGE (OU TRAITE)

A • Notions

1. Définition

La lettre de change est un effet de commerce, c'est-à-dire qu'elle matérialise une créance commerciale.

La lettre de change est un **écrit par lequel l'exportateur (vendeur, tireur) donne à l'importateur (acheteur, tiré), l'ordre de payer à une date déterminée (l'échéance), une certaine somme à l'ordre du vendeur ou d'une tierce personne** (en général son banquier).

2. Mode de fonctionnement de la lettre de change

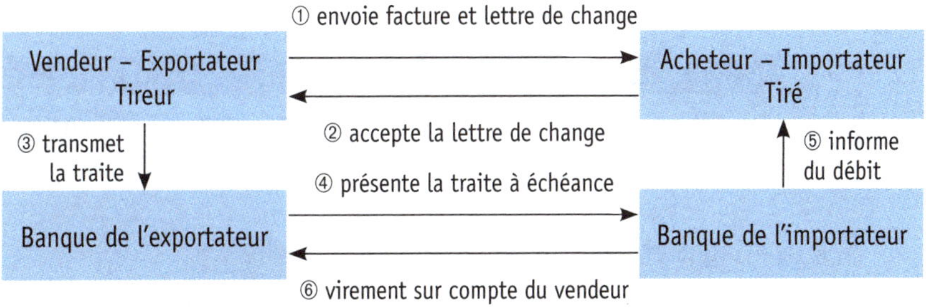

B • Avantages et inconvénients de la lettre de change

Avantages	Inconvénients
– Constitue et matérialise un titre de créance : peut donc être présentée comme preuve en cas de litige. – Comporte une échéance. – Peut être escomptée : fonction de crédit (moyennant le taux d'escompte). – Peut être avalisée : garantie. – Peut être endossée.	– Elle ne garantit pas le règlement, même si acceptée par l'acheteur, sauf aval bancaire. – Frais de timbre et commissions d'encaissement très coûteux dans certains pays. – Risque de change si libellée en devises. – Utilisation dépend du droit et des habitudes en vigueur dans chaque pays.

II. Le billet à ordre

A • Notions

1. Définition

Le billet à ordre est un effet de commerce, comme la lettre de change : il matérialise une créance commerciale.

Le billet à ordre est un **écrit par lequel l'importateur (acheteur, souscripteur) s'engage à payer à l'exportateur (vendeur, bénéficiaire) une somme déterminée, à vue ou à une certaine date.**

2. Mode de fonctionnement du billet à ordre

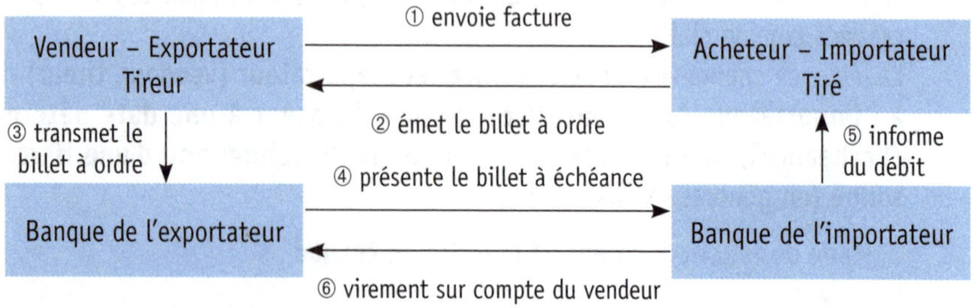

À SAVOIR

Le paiement à vue signifie au moment de la présentation à la banque, à la vue des documents.

B • Avantages et inconvénients du billet à ordre

Avantages	Inconvénients
– Constitue et matérialise un titre de créance : peut donc être présenté comme preuve en cas de litige. – Comporte une échéance. – Peut être mobilisé, avalisé, endossé.	– Il ne garantit pas le règlement, **il faut une grande confiance entre les parties.** – Frais de timbre et commissions d'encaissement très coûteux dans certains pays. – Risque de change si libellé en devises. – Utilisation dépend du droit et des habitudes en vigueur dans chaque pays.

Le vendeur préfère en général la lettre de change au billet à ordre où l'initiative du paiement est laissée à l'acheteur.

Le billet à ordre est plus risqué que la lettre de change.

FICHE 67

LES TECHNIQUES DE PAIEMENT DOCUMENTAIRE : PRÉSENTATION

Dans les opérations internationales, l'importateur et l'exportateur ont **besoin de garanties**.
Les instruments de paiement traditionnels ne leur apportent pas un niveau de garantie suffisant.
Les intermédiaires financiers ont donc élaboré un ensemble de techniques qui permettent de **mettre en œuvre le paiement avec plus de garanties : la présentation de documents**.
Elles sont au nombre de trois : la remise documentaire, le crédit documentaire, la lettre de crédit *stand by*.

I. LA REMISE DOCUMENTAIRE

A • Définition

Technique par laquelle un exportateur remet des documents (facture, documents de transport...) à son banquier, en même temps que l'expédition des marchandises, et lui ordonne de les remettre à la banque de son client uniquement contre le règlement des marchandises ou l'acceptation d'un effet de commerce.
Les banques se bornent à transmettre les documents, sans donner leur garantie.

B • Mode de fonctionnement de la remise documentaire

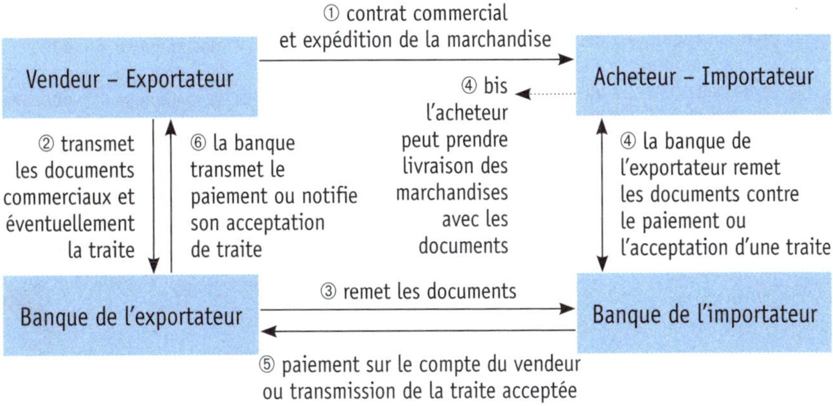

C • Avantages et inconvénients de la remise documentaire

Avantages	Inconvénients
– Plus simple que le crédit documentaire. – Permet à l'exportateur de conserver le contrôle des marchandises dans certains cas : B/L à ordre de la banque ou consignation de la marchandise au nom de la banque ou d'un transitaire à destination.	– Il ne garantit pas le règlement, sauf si aval bancaire sur l'instrument de paiement choisi. – En cas de non-paiement ou de non-levée des documents, le vendeur doit s'occuper à ses frais de la marchandise déjà expédiée, dont il est responsable.

II. Le crédit documentaire

A • Définition

Technique par laquelle une banque donne son engagement à l'acheteur, donneur d'ordre, de payer au bénéficiaire (l'exportateur), un montant déterminé contre remise de documents conformes exigés dans les conditions définies pour ce crédit.
Le crédit documentaire est soumis aux RUU 600 depuis le 1er juillet 2007.
Les banques ne se bornent pas à transmettre les documents, elles donnent leur garantie.

B • Mode de fonctionnement du crédit documentaire

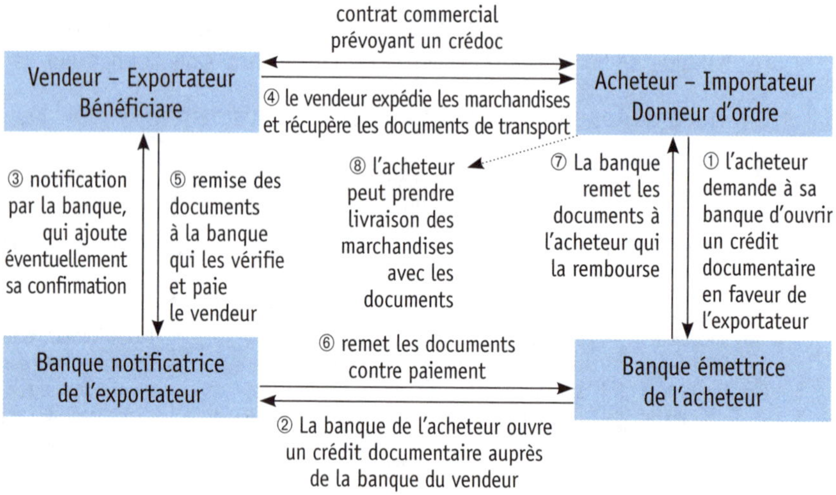

FICHE 68

LES TECHNIQUES DE PAIEMENT DOCUMENTAIRE : SPÉCIFICITÉS DU CREDOC

I. LES DIFFÉRENTES FORMES DE CRÉDIT DOCUMENTAIRE

Irrévocable	Engagement de la banque émettrice. Couvre donc le risque client. Ne peut être modifié ou annulé qu'avec l'accord de toutes les parties.
Irrévocable et confirmé	Engagement de la banque émettrice et de la banque notificatrice, qui confirme le crédoc. Couvre donc le risque client, et le risque pays. Ne peut être modifié ou annulé qu'avec l'accord de toutes les parties.

Il existe des formes particulières comme :

- le **crédit documentaire *red clause*** qui prévoit la possibilité de verser des acomptes ;
- le **crédit documentaire *back to back*** ou transférable, qui permet l'utilisation de ce crédit en totalité ou en partie pour d'autres bénéficiaires :
- le **crédit documentaire *revolving***, adapté aux courants réguliers d'affaires, et qui autorise la réactivation automatique du crédit, soit pendant une durée donnée, soit jusqu'à un montant donné.

À SAVOIR

Les **RUU** (Règles et Usances Uniformes) 600 du 1er juillet 2007 de la Chambre de Commerce Internationale sont reconnues par les banques de 160 pays. Elles remplacent les RUU 500 et, surtout, font disparaître le crédoc révocable : les banques peuvent toujours l'émettre, mais les règles devront être précisées dans le contrat.

II. LES AVANTAGES ET LES INCONVÉNIENTS DU CRÉDIT DOCUMENTAIRE

Avantages	Inconvénients
- Garantie de paiement pour l'exportateur. - Garantie d'obtenir les documents pour l'acheteur. - Permet à l'exportateur de conserver le contrôle des marchandises dans certains cas : B/L à ordre de la banque ou consignation de la marchandise au nom de la banque ou d'un transitaire à destination.	- Coûteux. - Très complexe à mettre en œuvre. - En cas de non-paiement ou de non-levée des documents, le vendeur doit s'occuper à ses frais de la marchandise déjà expédiée, dont il est responsable.

III. Les critères d'analyse d'un crédit documentaire

Type de crédit documentaire	– Irrévocable ; irrévocable et confirmé.
Indication des 4 parties	– Acheteur, exportateur, banque émettrice, banque notificatrice, éventuellement confirmatrice.
Conditions commerciales	– Type de marchandise, quantités et tolérance, montant et devise de paiement et tolérance.
Conditions logistiques	– Incoterm, lieu de départ, lieu d'arrivée. – Transbordements et envois partiels : autorisés ou non.
Documents	– Facture, notes de colisage, de poids. – Certificats d'origine, éventuellement légalisé par un organisme consulaire (voir qui doit l'apporter, et la cohérence avec l'incoterm). – Documents prouvant la qualité de la marchandise. – Documents de transport. – Documents douaniers. – Police ou attestation d'assurance. – Traite (*cf.* mode de réalisation). – Autres documents éventuels.
Mentions	Référence à un connaissement maritime et/ou autre.
Dates	**Attention au strict respect des dates :** – date d'émission du crédit documentaire ; – date limite d'expédition des marchandises ; – date de vieillissement des documents (cette date évite que le vendeur garde trop longtemps les documents. Si elle ne figure pas sur le CREDOC, elle est alors par défaut de 21 jours à partir de la date d'expédition effective des marchandises et avant la date limite de validité) ; – date limite de validité ou date d'expiration (fin de l'engagement bancaire : les documents doivent être présentés au plus tard à cette date).
Lieu de validité	Lieu où des documents devront être présentés.
Mode de réalisation	Le mode de réalisation est l'acte par lequel la banque désignée par le crédit documentaire honore ses engagements auprès du bénéficiaire, si elle juge les documents conformes. Il peut prendre 4 formes (RUU 600) : – à vue (*at sight*) : la banque désignée s'engage à payer à la vue des documents ; – différé : paiement par la banque désignée au terme d'une période de crédit convenue à l'avance ; – par acceptation : la banque désignée accepte une traite et s'engage à la payer à échéance ; – par négociation : la banque désignée escompte la traite. ***Remarque*** : *Il faudra éviter que le crédit soit réalisable auprès d'une banque dans le pays de l'acheteur (difficile à gérer pour le vendeur en général, sauf si implanté sur place).*
Conditions particulières	Partage des frais et/ou autre.

FICHE 69

LA SBLC

I. NOTIONS GÉNÉRALES

A • Définition

C'est une garantie bancaire à première demande utilisée par le vendeur pour garantir le paiement d'une vente de marchandises ou d'une prestation. La banque s'engage de manière irrévocable à indemniser le bénéficiaire lorsque le donneur d'ordre s'avère défaillant.

La SBLC est soumise comme le crédit documentaire aux RUU 600 depuis le 1er juillet 2007, ainsi qu'aux RPIS (Règles et Pratiques Internationales relatives aux SBLC) 98.

Contrairement au crédit documentaire, la SBLC n'**est mise en œuvre qu'en cas de défaillance du client**, et ne constitue pas une technique de paiement mais juste une garantie du risque de non-paiement ; mais comme le crédit documentaire, elle repose sur la présentation de documents conformes.

B • Le mode de fonctionnement de la SBLC

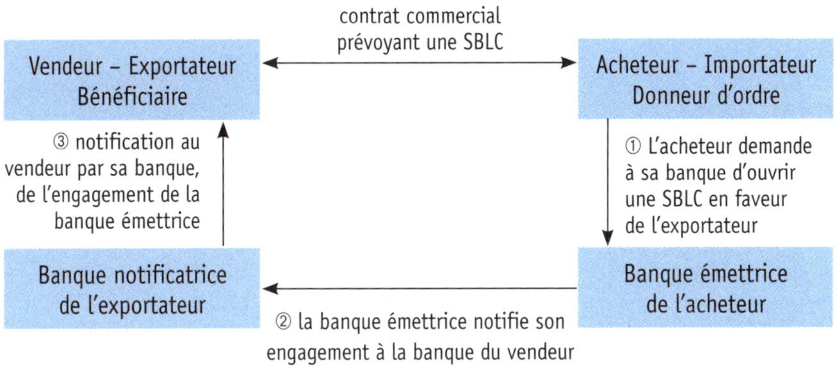

II. Les avantages et les inconvénients de la SBLC

Avantages	Inconvénients
– Garantie irrévocable de paiement pour l'exportateur. – Beaucoup plus simple et moins coûteuse que le crédit documentaire. – Paiement de la garantie à première demande.	– Ne constitue pas une technique de paiement. – Technique encore récente : pas d'utilisation commune dans tous les pays.

À SAVOIR

- Contrairement au crédit documentaire qui doit se réaliser, la SBLC a pour vocation de ne pas être mise en jeu !
- La SBLC n'est pas un instrument de paiement mais un contrat financier indépendant du contrat commercial.
- La remise documentaire est préférée au crédoc quand l'exportateur connaît bien l'acheteur.
- Une garantie à première demande est une garantie apportée par un organisme (banque en général) qui s'oblige à payer le montant garanti au bénéficiaire, sans contestation possible, dès la première demande et dans un délai de 15 jours.

Le financement des opérations courantes de commerce international

L'entreprise exportatrice doit prévoir les besoins liés au cycle d'exploitation de son activité à l'export.

Le cycle d'exploitation d'une activité export est plus long qu'un cycle d'exploitation normal : on considère en effet que le « court terme » va jusqu'à 18 mois à l'export.

L'entreprise devra identifier le montant de ses besoins de trésorerie, mais aussi les échéances. Elle devra ensuite trouver les solutions permettant de les financer.

I. Les besoins en financement liés aux opérations de commerce international

L'entreprise doit financer toutes ses activités entre le moment où elle prospecte et le moment où elle sera payée de leurs commandes par ses clients.

Les activités qui génèrent des besoins en financement sont chronologiquement :

- les frais de prospection des nouveaux marchés ;
- les frais marketing : les dépenses de promotion et de communication, d'adaptation du produit, des catalogues, des tarifs, des frais de distribution, etc.
- l'augmentation des frais de production liée à une augmentation des volumes à produire pour l'exportation ;
- l'augmentation des comptes fournisseurs et autres frais d'exploitation ;
- le financement des coûts logistiques : stockage, acheminement, douanes…
- une augmentation des coûts en ressources humaines : recrutements éventuels, notamment d'une force de vente export, rémunération d'intermédiaires, etc.

II. Les techniques de financement à court terme des opérations de commerce international

A • Le financement des besoins de trésorerie nés avant l'expédition des marchandises

L'entreprise peut :

1. Avoir recours à l'assurance prospection de la COFACE pour le financement de la prospection.

2. Utiliser les acomptes clients.

3. Avoir recours au crédit documentaire *red clause* ou transférable.

4. Demander un pré-financement à sa banque pour pouvoir fabriquer, sous-traiter, commander :

Les crédits de trésorerie	Facilité de caisse, découvert bancaire. Coûteux, ils doivent rester exceptionnels.
Les crédits de campagne	Ce sont des crédits bancaires de 6 à 9 mois adaptés au financement des activités saisonnières.
Les crédits de pré-financement export	Ce sont des crédits bancaires spéciaux pour les activités internationales.
L'escompte	Escompte de créances nées non échues : il faut un effet de commerce, une garantie bancaire ou une assurance-crédit : une simple facture ne suffit pas.

B • Le cas particulier du financement des stocks et des achats

L'entreprise doit financer ses stocks de matières premières d'abord, puis ses stocks de produits finis.

Pour cela, elle peut avoir recours aux :

1. Crédits de pré-financement : crédit accordé par une banque à un exportateur et assurant à l'entreprise une partie de la trésorerie nécessaire aux premières dépenses liées à la réalisation d'un marché public ou privé.

2. Crédits acheteur ou export : destinés à financer un contrat d'exportation de biens d'équipement et/ou de service signé entre un exportateur et un acheteur, lui-même importateur de biens et/ou de services. Les banques s'engagent à mettre à la disposition de l'acheteur (importateur) les fonds nécessaires pour régler le fournisseur ; l'acheteur (qui est donc emprunteur) donne un mandat irrévocable aux banques de verser les fonds au fournisseur et à lui seul. Le crédit export présente de nombreux avantages pour le fournisseur (sécurité de paiement, aucune charge financière...).

3. Crédits fournisseurs : délai de paiement accordé à l'entreprise par ses fournisseurs.

4. Choix judicieux d'un régime douanier et aux facilités de financement accordées par les douanes.

C • Après l'exportation : être payé rapidement pour reconstituer au plus vite la trésorerie

Il s'agit ici de financer les crédits accordés aux clients.

L'exportateur peut traditionnellement :

1. **Inciter les clients à payer au comptant** (escompte pour paiement comptant).
2. **Escompter auprès de sa banque des effets de commerce.**
3. Avoir recours aux techniques **de rachat de créance** :

Affacturage	L'entreprise vend ses créances nées et exigibles à un factor qui les lui paie immédiatement, assure les risques d'impayés (garantie de paiement des créances) et se charge de leur recouvrement. Très coûteux.
Forfaitage ou *forfaiting*	Le *forfaiting* est une technique de financement et de couverture des risques à l'exportation, alternative aux systèmes classiques. Il consiste en **l'achat au cas par cas et sans recours de(s) créance(s) commerciale(s) garantie(s)** par la banque de l'importateur à un prix déterminé à l'avance, d'une durée qui peut aller de 60 jours à 10 ans.

Il existe des techniques particulières aux opérations de commerce international :

Avance en Devises à l'Exportation (ADE)	C'est un prêt en devises. - La banque prête à l'exportateur des devises étrangères pendant la durée du crédit accordé au client étranger. - L'exportateur les convertit en euros. - À échéance, l'exportateur rembourse sa banque du règlement en devises de son client étranger. Intéressant, car c'est en même temps un outil de financement et de couverture du risque de change. ***Remarque*** : *Risque de change résiduel sur les intérêts, dus en devises. Pour le couvrir, l'ADE peut être faite en « valeur actualisée ».*
Mobilisation de Créance Née à l'étranger (MCNE)	L'exportateur escompte la créance en euros. La MCNE ne couvre pas le risque de change : l'escompte est donc éventuellement accompagné d'une vente à terme, qui permet de fixer aujourd'hui un cours de vente de devises pour une échéance future donnée.

À SAVOIR

• **COFACE** a pour mission de faciliter les échanges entre entreprises dans le monde. Pour cela, COFACE propose à ses clients quatre outils pour externaliser toute ou partie de la gestion, du financement et de la protection de leur poste clients :
- l'assurance-crédit ;
- l'affacturage ;
- la notation ;
- l'information d'entreprise et la gestion de créances.

• COFACE propose également, en France, la **gestion des garanties publiques à l'exportation pour le compte de l'État.**

COFACE réunit 7 000 collaborateurs répartis dans 65 pays, c'est aujourd'hui une filiale de Natixis.

• Qu'est-ce que **le « score @rating »** : Le « score @rating » de COFACE indique sur une échelle de 1 à 10 la probabilité de défaillance d'une entreprise à 1 an.

FICHE 71

LA TYPOLOGIE DES RISQUES À L'INTERNATIONAL

À l'international, il faut identifier les risques, connaître les instruments adaptés à la gestion de ces risques, et savoir sélectionner les instruments les mieux adaptés.

I. L'IDENTIFICATION DES RISQUES À L'INTERNATIONAL

On peut dénombrer cinq natures de risque :

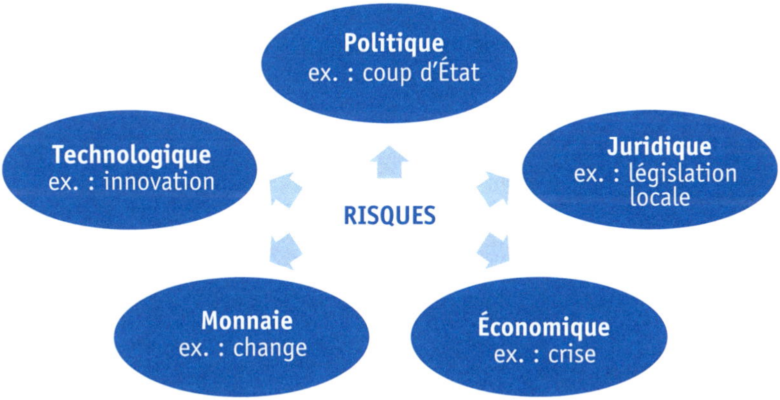

II. LA CHRONOLOGIE DES RISQUES À L'INTERNATIONAL

On peut identifier les étapes suivantes dans le cadre d'une opération de commerce courant :

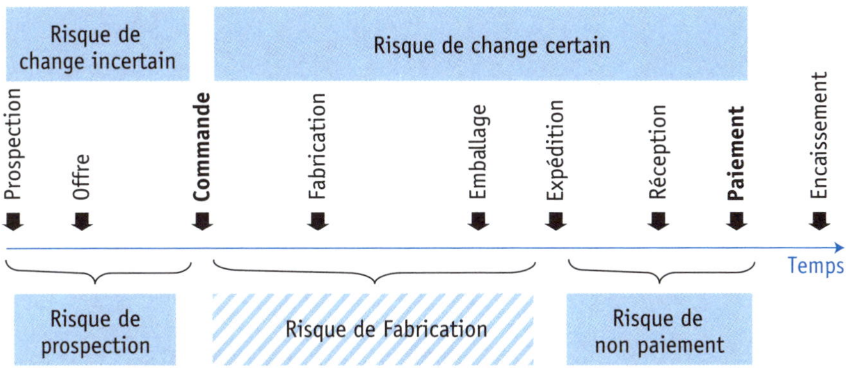

III. La gestion des risques à l'international

On distingue quatre grands thèmes :

1. La gestion du risque de prospection.	Fiche 16 Fiche 17
2. La gestion du risque de fabrication ou d'interruption de marché. Peut être étendue aux risques liés au transport, à l'emballage.	Fiche 71 Fiche 72 Fiche 73 Fiche 74 Fiche 43 Fiche 53
3. La gestion du risque de change.	Fiche 72 Fiche 73
4. La gestion du risque de non-paiement.	Fiche 74

LA GESTION DU RISQUE DE CHANGE : LES TECHNIQUES DE COUVERTURE INTERNE

I. L'ENTREPRISE FACE AU RISQUE DE CHANGE

L'entreprise peut être exposée à un risque de change :

- **À l'importation** : quand l'importateur doit payer en devises : il risque de voir augmenter son coût de revient si le cours de la devise augmente entre la commande et le paiement ;
- **À l'exportation** : quand l'exportateur doit éditer son catalogue de prix en devises, ou faire une offre en devises, il n'est pas sûr que l'évolution des cours lui soit favorable d'ici les commandes. Puis après la commande, s'il doit être payé en devises, il n'est pas sûr que l'évolution du cours de la devise lui soit favorable d'ici le jour du paiement.

Évolution de la situation	Exportateur doit être payé en devises	Importateur doit payer en devises
Le cours de la devise augmente	Gain	Perte
Le cours de la devise diminue	Perte	Gain
Le cours est à parité (inchangé)	Ni gain ni perte	Ni gain ni perte

- Le risque peut être **certain** : après la conclusion du contrat, ou **aléatoire** ou incertain : devis, offre sur catalogue.
- **La position de change** correspond à la différence entre les devises possédées (ou à recevoir) et les devises dues (ou à livrer).

II. LA COTATION DES DEVISES ET PUBLICATION DES COURS

- **Cotation au certain** : prix d'une unité de devise nationale exprimé dans une autre devise.
- **Présentation** :

EUR = 1,2765 1,2790 USD

↑ **Cours achat (import) :**
la banque s'engage à acheter
1 EUR pour 1,2765 USD
l'importateur vend des euros pour
obtenir des USD et payer en USD

↑ **Cours vente (export) :**
la banque s'engage à vendre
1 EUR pour 1,2790 USD
l'exportateur est payé en USD :
il vend des USD et achète des EUR

III. Les techniques internes de couverture du risque de change

Ce sont les techniques qui ne font pas appel à des organismes spécialisés comme les banques ou les techniques d'assurance. Leur principal avantage est leur coût moindre, car ces techniques suppriment les commissions d'intermédiaires.
La plus simple reste bien entendu le choix de la devise nationale !

Technique	Définition
Auto-couverture	Une entreprise qui vend et achète dans une devise donnée peut couvrir le risque de change sur ses achats par ses ventes et vice-versa. Cette technique nécessite la tenue d'une comptabilité en monnaie étrangère et le calcul de la position de change de l'entreprise.
Termaillage	Ancienne technique qui consiste à accélérer ou retarder les échéances de paiement en devises.
Clause de change	L'entreprise précise dans le contrat une fourchette pour le cours de change.
Netting	Compensation de toutes les créances, dettes, mouvements de fonds au niveau du groupe.

LA GESTION DU RISQUE DE CHANGE : LES TECHNIQUES DE COUVERTURE EXTERNE

I. LES TECHNIQUES EXTERNES DE COUVERTURE DU RISQUE DE CHANGE

• Ce sont des techniques qui font appel à des organismes spécialisés comme les banques.

Technique bancaires	Définition
Contrat de change à terme ou couverture à terme à échéance fixe	Permet de se protéger contre les variations du cours de change en fixant à l'avance le cours de vente ou d'achat d'une devise sur une opération ultérieure. C'est une protection efficace et couvre le risque à l'importation (achat de devises à terme) ou à l'exportation (vente de devises à terme).
Avance en devise	C'est un prêt en devises.
Forfaitage	Cession de créance export. Les créances doivent être garanties.
Options de change	Technique adaptée au risque de change aléatoire. Contrat qui donne le droit à son titulaire, et non l'obligation, d'acheter ou de vendre une certaine quantité de devises : – à un cours garanti : le prix d'exercice est le cours de change auquel s'échangeront les devises en cas d'exercice de l'option, si favorable ; – à une date d'échéance prévue à l'avance (options européennes) ; – avant ou à l'échéance (option américaine).
***Swaps* de devises**	Opération par laquelle deux parties échangent leur endettement respectif dans des monnaies différentes avec la certitude de pouvoir faire l'opération inverse à une date et à un cours définis à l'avance.

• Des techniques de couverture font appel à l'assurance : exemple de deux produits COFACE.

Technique assurance	Définition
Assurance CIME	L'exportateur bénéficie, moyennant une prime, d'un cours de change défini à l'avance avec COFACE, pour une période et un montant de CA donnés. L'exportateur pourra ou non l'exercer, en fonction de l'évolution favorable ou non des cours réels.
Assurance Change négociation	Adapté au risque de change incertain et à la négociation de grands contrats d'équipement. Il garantit un cours de change de référence, que l'exportateur pourra ou non exercer, en fonction de l'évolution favorable ou non des cours réels.

II. Exemple de mise en œuvre d'une assurance

Cas pratique CIME

- CA prévisionnel : USD 250 000 d'exportation ;
- période de facturation à couvrir : 6 mois ;
- délai de paiement accordé au client : 1 mois ;
- cours garanti : 1 € = 1,20 USD.

⇒ Supposons le montant facturé au cours d'un mois : 50 000 USD

• **Cas 1** : Cours de liquidation à l'échéance défavorable
1 € = 1,27 USD
L'exportateur percevra : $\frac{50\ 000}{1{,}27}$ = 39 370 € au lieu de $\frac{50\ 000}{1{,}20}$ = 41 666 € prévus et garantis.

Alors COFACE indemnisera de (41 666 – 39 370) = 2 296 €.

• **Cas 2** : Cours de liquidation favorable à l'exportateur à l'échéance
1 € = 1,15 USD
L'exportateur percevra $\frac{50\ 000}{1{,}15}$ = 43 478 € au lieu de 41 666 € prévus et garantis.
L'exportateur devra alors reverser son gain à COFACE,
soit (43 478 – 41 666) = 1 812 €.

Remarque :
CIME permet à l'exportateur de partager avec COFACE le gain de change lié à un cours favorable à l'échéance (comme le cas 2, ci-dessus) à 50 %/50 %.
Alors; il ne reverserait que 50 % des 1 812 € soit 906 €.
Cette police est bien sûr plus onéreuse.

LA GESTION DU RISQUE DE NON-PAIEMENT

La réussite d'une opération commerciale dépend de la capacité de l'entreprise à **se faire payer le prix convenu, à la date convenue**.

I. L'ENTREPRISE FACE AU RISQUE DE NON-PAIEMENT

Le risque de non-paiement comporte plusieurs aspects :

- **Risque commercial**
  - insolvabilité du client étranger ;
  - carence du client (défaut de paiement après réception des marchandises, du fait de son insolvabilité ou de son absence de volonté de payer).
- **Risque pays**
  - guerre, émeutes, révolution ;
  - catastrophe naturelle ;
  - non-transfert de fonds par décision des autorités locales.

Remarque :

*– Avant la livraison, le risque couru par l'entreprise est l'**interruption de contrat**.*

*– Après l'exécution de la prestation, le risque couru par l'entreprise est le **risque de non-paiement**.*

*– Les retards de paiement ont également un coût important pour l'entreprise. C'est le **risque de crédit**.*

II. LES TECHNIQUES INTERNES DE COUVERTURE DU RISQUE DE NON-PAIEMENT

- **Bien s'informer**

L'entreprise doit :

- bien s'informer sur son client : réputation, solvabilité... ;
- bien suivre ses propres en-cours de trésorerie, relancer à temps les clients en retard de paiement ;
- bien s'informer sur le risque pays.

Pour cela, des outils existent : système de notation de COFACE, évaluation du risque DUCROIRE...

- **Prévenir le risque**

L'entreprise doit :

- être vigilante quant aux délais de paiement accordés, en fonction de ses propres besoins de trésorerie ;
- évaluer le niveau de risque de son portefeuille clients et veiller à une optimisation de la répartition du risque.

L'entreprise peut aussi :

- se faire payer à l'avance ou à la livraison ;
- demander des acomptes ;
- utiliser la clause de réserve de propriété dans le contrat de vente.

II. Les techniques externes de couverture du risque de non-paiement

D'autres techniques nécessitent le recours à des institutions bancaires ou à des assurances.

A • Techniques bancaires

L'entreprise peut :

- utiliser des **techniques de paiement adaptées** et permettant déjà une certaine couverture du risque : Crédit documentaire, SBLC ;
- demander des **garanties ou des cautions bancaires** : chèque de banque, chèque ou traite avalisés…

B • Techniques relevant d'autres institutions financières

- Affacturage
- Forfaitage

C • Techniques relevant de l'assurance

• Les assurances crédit

Elles sont accordées par des organismes publics ou privés, comme COFACE, DUCROIRE, EULER-HERMES SFAC, qui peuvent avoir une délégation de l'État pour assurer et encourager des exportateurs en couvrant le risque d'impayé.

Les indemnités sont payées une fois le non-paiement constaté, et ne couvrent jamais 100 % du montant de l'impayé. On distingue :

Les polices court terme dites globales ou d'abonnement	Elles couvrent des opérations concernant des biens de consommation pour des crédits d'une durée inférieure à 6 mois, ou pour du petit équipement pour des crédits allant jusqu'à 2 ans. Elles sont globales, car couvrent l'ensemble du CA de l'entreprise assurée à l'exportation (sauf achats payés à l'avance ou par crédit documentaire).
Les polices moyen terme ou long terme	Ce sont des polices couvrant des opérations ponctuelles de biens d'équipements, sur des durées de crédit de 3 ans au moins (7 ans pour le long terme). Elles peuvent être soumises à examen par l'État avant accord.

- Les assurances proposent à leurs clients des services de recouvrement des créances.

À SAVOIR

S'informer sur les risques : www.ducroire.be ou www.coface.fr

FICHE 75

LA FONCTION ACHAT

Dans un contexte de concurrence de plus en plus difficile, la fonction achat prend une importance croissante, car ce que l'entreprise ne peut plus gagner sur ses ventes, il lui faut désormais l'économiser sur ses achats. Il faut améliorer la productivité d'une entreprise en réduisant à la fois les coûts et les défauts.

I. DÉFINITION

A • Les missions

Aussi appelée *sourcing*, la fonction achat est indispensable au bon fonctionnement de l'entreprise. C'est l'intermédiaire entre les fonctions internes de l'entreprise et ses fournisseurs.

Elle doit :

- identifier les besoins des différents services, en cohérence avec les attentes des clients ;
- identifier les produits apportant une réponse adaptée à ses besoins, en respectant son budget ;
- rechercher les fournisseurs, soit parmi ses fournisseurs traditionnels, soit en prospecter de nouveaux. Cette recherche nécessite l'établissement de cahiers des charges et pourra prendre la forme d'appels d'offres ;
- négocier les conditions de vente : qualité, prix, délais, quantités, garanties, conditions de paiement... ;
- préparer les contrats ;
- définir les procédures d'achat et de contrôle (conformité, respects du budget et des objectifs, niveau de satisfaction...) ;
- gérer son budget.

Le service approvisionnement gère plus particulièrement les commandes, la réception des commandes, la facturation et le suivi de la logistique et des stocks.

B • Les différents types d'achat

On distingue principalement :

- Les achats stratégiques, source de valeur pour le client et qui sont source de compétitivité pour l'entreprise, les dysfonctionnements mettent en péril l'entreprise.
- Les achats banals ou courants (matériel de bureau, papeterie...).

C • Les enjeux

Aujourd'hui, l'entreprise doit :

- faire face à l'internationalisation des achats, et notamment au rôle croissant des PECO et de l'Asie ;
- maîtriser tous les niveaux de la chaîne d'approvisionnement et innover à tous ces niveaux (produits, organisation, etc.),

...afin de répondre à ses objectifs :

- maîtrise des coûts ;
- augmentation de la qualité des produits ;
- sécurisation de ses approvisionnements : elle doit veiller aux relations qu'elle entretient avec ses fournisseurs stratégiques.

II. La sélection des fournisseurs

A • Les sources d'information

Plusieurs sources d'information permettent de trouver des fournisseurs :

- les syndicats ou fédérations professionnelles ;
- les chambres de commerce et autres organismes institutionnels ;
- les visites des représentants ;
- les annuaires et la presse professionnels ;
- les annuaires d'entreprises ;
- les serveurs professionnels sur Internet et les places de marché en ligne, regroupés sous l'appellation *e-procurement* ;
- les salons professionnels et les catalogues des exposants ;
- les appels d'offre.

B • Le cahier des charges à l'achat

C'est un document contractuel qui formalise les relations entre l'entreprise et son fournisseur. Il doit récapituler tous les aspects importants du contrat : objet du contrat, quantités, qualité, délais, intervenants, conditions d'approvisionnement, etc.

C • Les critères de sélection des fournisseurs

Comme pour une sélection de marché, l'entreprise pourra réaliser une matrice ou tableau de sélection des fournisseurs, en retenant les critères qu'elle juge pertinents et qu'elle pourra pondérer.

FICHE 76

LA RECHERCHE DES FOURNISSEURS

I. L'OUTIL DE SÉLECTION

Critères d'évaluation	Pondération	Fournisseurs 1	2	3	4
Critères commerciaux – notoriété, réputation – historique, qualité de la relation – agrément éventuel – réactivité – délais – prix et conditions de ventes – conditions de livraison...					
Critères techniques – qualité des produits – capacité de production – certification (ISO 9000, 14000...) – innovation – services associés...					
Critères administratifs – gestion de l'information – stabilité des équipes – organisation...					

II. LA TENDANCE *E-SOURCING* ET *E-PROCUREMENT*

A • L'*e-sourcing*

L'*e-sourcing* a pour objectif de réduire le coût général des achats en standardisant et en automatisant la **recherche**, la **sélection** et la **négociation** avec les fournisseurs, et s'intéresse donc aux contrats.

1. Il s'agit d'améliorer la productivité de l'acheteur et la qualité de l'information dont il dispose.

2. La négociation peut prendre la forme d'enchères « à l'envers » sur Internet (offres de moins en moins chères des fournisseurs).

3. Les gains sont essentiellement liés à la réduction des « coûts d'acquisition », de la réduction du temps consacré à chaque achat.

À SAVOIR

Les achats représentent en moyenne 60 % du chiffre d'affaires des entreprises industrielles.

B • L'*e-procurement*

L'*e-procurement* a pour objectif l'**automatisation des commandes** et des **transactions**, soit l'amélioration de la productivité de l'approvisionnement.

1. L'*e-procurement* s'appuie sur des catalogues en ligne (catalogues des fournisseurs ou créés par l'entreprise).

2. Les gains cherchés sont appelés « économies de processus ».

Remarque :
L'out-sourcing *consiste à confier ses achats à une entreprise extérieure. C'est donc une stratégie d'externalisation.*

PARTIE 4

OUTILS DE GESTION COMMERCIALE

I. LES MARGES, LES TAUX DE MARQUE ET LES TAUX DE MARGE

• Marge commerciale

Il s'agit de la différence obtenue entre le prix de vente HT et le coût d'achat des marchandises vendues HT.

Prix de vente HT au distributeur = Coût de revient du produit + Marge du fabricant

Prix de vente TTC payé par le consommateur = Prix d'achat HT du distributeur + Marge du distributeur = Prix de vente HT du consommateur + TVA

Marge commerciale = Prix de vente HT – Prix d'achat HT

• Taux de marque

Il représente la marge commerciale exprimée en pourcentage du prix de vente.

$$\text{Taux de marque} = \frac{\text{Marge commerciale}}{\text{Prix de vente}} = \frac{\text{Prix de vente} - \text{Prix d'achat}}{\text{Prix de vente}}$$

Prix de vente = Prix d'achat – 1 – Taux de marque

• Taux de marge

Il représente la marge commerciale exprimée en pourcentage du prix d'achat.

$$\text{Taux de marge} = \frac{\text{Marge commerciale}}{\text{Coût d'achat}} = \frac{\text{Prix de vente} - \text{Prix d'achat}}{\text{Prix d'achat}}$$

Prix de vente = Coût d'achat × 1 + Taux de marque

- **Le coefficient multiplicateur**

Il permet d'obtenir un montant directement à partir d'un autre, en général le prix de vente TTC à partir du coût ou du prix d'achat HT.

$$\text{Coefficient multiplicateur TTC} = \frac{\text{Prix de vente TTC}}{\text{Prix d'achat HT}}$$

II. Les prix d'achat, les prix de vente et la TVA

- Passage du prix HT au prix TTC :

$$\text{Prix de vente TTC} = \text{Prix de vente HT} \times 1 + \text{Taux de TVA}$$

- Passage du prix TTC au prix HT :

$$\text{Prix de vente HT} = \frac{\text{Prix de vente TTC}}{(1 + \text{Taux de TVA})/100}$$

Exemple : *PV HT = 316,50/1,055 = 300 €.*

Les statistiques doivent permettre à l'entreprise de prévoir l'évolution de la demande. La représentation graphique d'une série chronologique peut prendre plusieurs formes.

I. Le chronogramme séquentiel

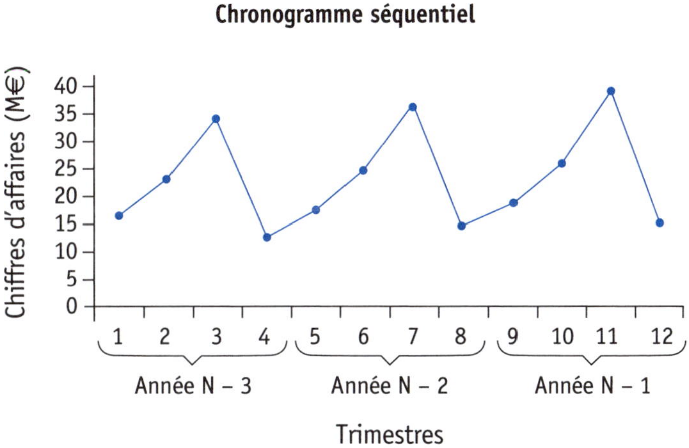

II. Le chronogramme parallèle

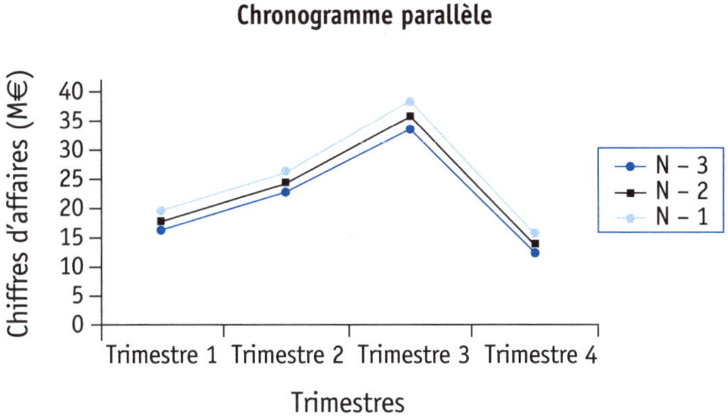

III. Le diagramme polaire

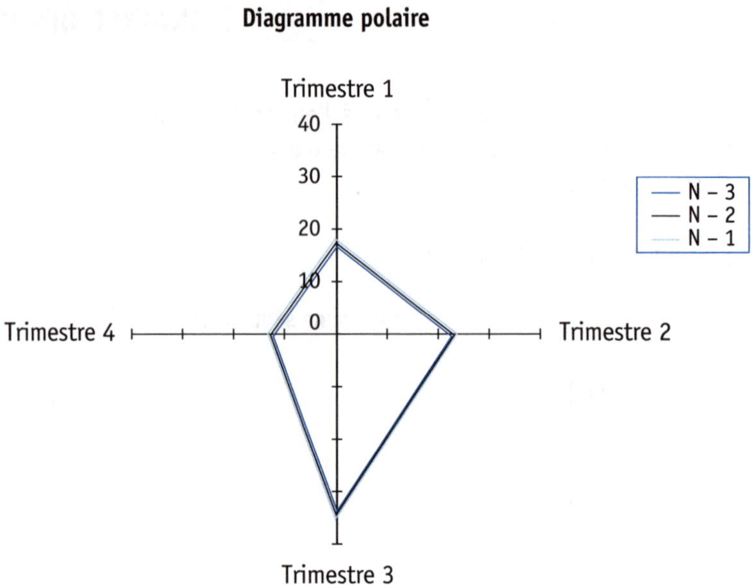

LA PRÉVISION DES VENTES

I. PRÉVOIR LES VENTES

A • La méthode des points extrêmes

Vous disposez des CA de 6 années de l'entreprise INENCO. Votre responsable vous demande de prévoir le CA pour N + 1.

Années	N – 5	N – 4	N – 3	N – 2	N – 1	N
CA en K€	510	572	686.40	823.68	988.42	1 186.10

• Méthode des points extrêmes

Premier point	Dernier point
1	6
510	1 186,1

a = (1 186,1 – 510)/(6 – 1) = 676,1/5 = 135,22
b = 510 – 135,22 = 374,78
La droite de tendance a pour équation **y = 135,22x + 374,78.**

CA N + 1 = (135,22 × 7) + 374,78 = **1 321,32 K€.**
Le chiffre d'affaires prévisionnel de l'année N + 1 est de **1 321,32 milliers d'euros.**

B • La méthode des points moyens ou méthode de Mayer

• Méthode de Mayer

- **Point moyen 1**

X_1 = (1 + 2 + 3)/3 = 2
Y_1 = (510 + 572 + 686,4)/3 = 589,47

- **Point moyen 2**

X_2 = (4 + 5 + 6)/3 = 5
Y_2 = (823,68 + 988,42 + 1 186,10)/3 = 999,40

- **Droite d'équation**

a = (999,40 – 589,47)/(5 – 2) = 409,93/3 = 136,64
b = 589,47 – (136,64 × 2) = 316,19
La droite de tendance a pour équation **y = 136,64x + 316,19**

CA N + 1 = (136,64 × 7) + 316,19 = **1 272,67 K€.**
Le chiffre d'affaires prévisionnel de l'année N + 1 est de **1 272,67 milliers d'euros.**

C • La méthode des moindres carrés

Années	N – 5	N – 4	N – 3	N – 2	N – 1	N
CA en K€	34 520	46 260	51 630	66 620	79 310	81 234

La société INENCO, fondée en 1978 à Amiens, écoule sa production sur trois réseaux de distribution différents. Le responsable du service marketing souhaite connaître le CA prévisionnel en GMS.

• **Méthode**

x_i	y_i	$X_i = x_i - \bar{x}$	$Y_i = y_i - \bar{y}$	$X_i Y_i$	X_i^2
1	34 520	–2,5	– 25 409	63 522,5	6,25
2	46 260	– 1,5	– 13 669	20 503,5	2,25
3	51 630	–0,5	–8 299	4 149,5	0,25
4	66 620	0,5	6 691	3 345,5	0,25
5	79 310	1,5	19 381	29 071,5	2,25
6	81 234	2,5	21 305	53 262,5	6,25
$\bar{x}$ **= 3,5**	$\bar{y}$ **= 59 929**			**173 855**	**17,5**

• **Droite d'équation**

$a = \Sigma X_iY_i / \Sigma X_i^2$ = 173 855/17,5 = 9 934, 57

$b = \bar{y} - a\bar{x}$ = 59 929 – (9 934,57 × 3,5) = 25 158

La droite de tendance a pour équation y = 9 934,57x + 25 158.

CA N + 1 = (9 934,57 × 7) + 25 158 = **94 700 K€.**
Le chiffre d'affaires prévisionnel de l'année N + 1 est de **94 700 milliers d'euros.**

II. Choisir une méthode de prévision

• Si la série présente une tendance régulière, la méthode des points extrêmes peut être utilisée.

• La méthode de Mayer peut être envisagée si la série fait apparaître deux sous-séries.

• La méthode des moindres carrés est la plus précise des trois puisqu'elle prend en compte l'ensemble des points. Elle doit être privilégiée si le nuage de points est éclaté.

FICHE 80

LE COEFFICIENT DE CORRÉLATION

En statistique, étudier la **corrélation** entre deux ou plusieurs variables aléatoires ou statistiques, c'est étudier l'intensité de la liaison qui peut exister entre ces variables. Dans le cas de deux variables, il s'agit de la régression linéaire.

I. DÉTERMINER LE COEFFICIENT DE CORRÉLATION

L'entreprise INENCO, spécialiste des produits importés du Mexique, produits alimentaires et non alimentaires, vous communique ses CA et le montant de ses dépenses publicitaires pour les années N – 5 à N. La gérante souhaiterait savoir si ces investissements influent sur le CA.

Années	N – 5	N – 4	N – 3	N – 2	N – 1	N	N + 1
Publicité en K€	36	25	48	75	62	84	
CA en K€	4 350	2 990	5 780	9 070	7 410	10 150	
Coefficient *r*							

- **Représentation graphique**

CA et publicité de INENCO

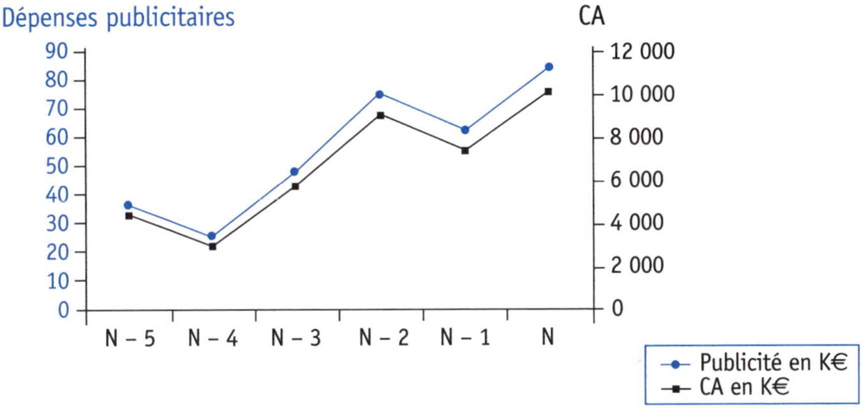

- **Calcul du coefficient de corrélation**

Publicité en K€ x_i	CA en K€ y_i	$X_i = x_i - \bar{x}$	$Y_i = y_i - \bar{y}$	$X_i Y_i$	X_i^2	Y_i^2
36	4 350	−19	−2 275	43 225	361	5 175 625
25	2 990	−30	−3 635	109 050	900	13 213 225
48	5 780	−7	−845	5 915	49	714 025
75	9 070	20	2 445	48 900	400	5 978 025
62	7 410	7	785	5 495	49	616 225
84	10 150	29	3 525	102 225	841	12 425 625
$\bar{x}$ = **55**	$\bar{y}$ = **6 625**			**314 810**	**2 600**	**38 122 750**

$$r = \frac{X_i Y_i}{\sqrt{X_i^2 \, Y_i^2}} = \frac{314\,810}{\sqrt{2\,600 \times 38\,122\,750}} = \frac{314\,810}{314\,832} = 0{,}9999$$

II. Analyser le coefficient de corrélation

- **Interprétation du résultat**

Si r est proche de 1, la corrélation entre les variables est forte. Si le coefficient de corrélation est positif les deux variables évoluent dans le même sens.

Dans notre exemple, r est proche de 1. Il y a donc une corrélation entre les deux variables. Les deux variables évoluent dans le même sens. Cette relation entre les deux variables était déjà vérifiable sur le graphique.

- **Prévision des dépenses**

Le coefficient de corrélation étant très proche de 1, il est mathématiquement juste de prévoir le chiffre d'affaires à partir du budget publicitaire en utilisant la méthode des moindres carrés.

Nous acceptons donc l'hypothèse que la publicité influence les ventes de l'entreprise.

Avec un chiffre d'affaires de 12 000 000 euros en N + 1, le montant des dépenses publicitaires nécessaires est le suivant :

La droite de tendance a pour équation :

$a = 314\,810/2\,600 = 121{,}08$ $\qquad$ $b = 6\,625 - (121{,}08 \times 55) = -34{,}4$

$y = 121{,}08x - 34{,}4$

Pour réaliser un CA de 12 000 000 d'euros, il faut consacrer à la publicité :

$12\,000 = 121{,}08x - 34{,}4 \leftrightarrow 11\,965{,}6 = 121{,}08x$ d'où $x = 98{,}82$ K€.

Un budget publicitaire de **98,82 milliers d'euros** permettrait de réaliser un chiffre d'affaires de 12 000 milliers d'euros.

Remarque : *Cette relation est mathématique et n'implique pas un lien de cause à effet. En effet, le budget publicitaire pourrait très bien être fixé en fonction du chiffre d'affaires : chaque année, l'entreprise consacre x % de son CA aux dépenses de publicité. Dans ce cas, la prévision serait fausse.*

FICHE 81

LA SAISONNALITÉ DES VENTES

I. LA SAISONNALITÉ : OBSERVATION GRAPHIQUE

Ventes trimestrielles de l'entreprise AB		Ventes trimestrielles de l'entreprise CD	
Trimestre	**Ventes K€**	**Trimestre**	**Ventes K€**
1	400	1	320
2	415	2	400
3	425	3	580
4	440	4	380
Total annuel	1 680	Total annuel	1 680

Ces deux entreprises ont un total annuel des ventes identique pour un montant de 1 680 K€ mais la représentation graphique des ventes trimestrielles fait apparaître des différences.

Entreprise AB

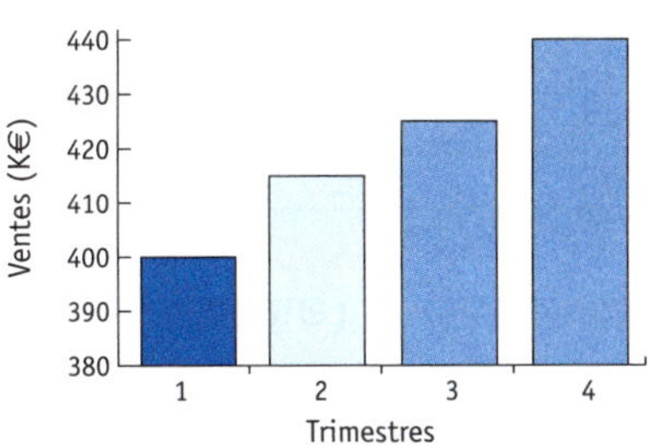

Entreprise CD

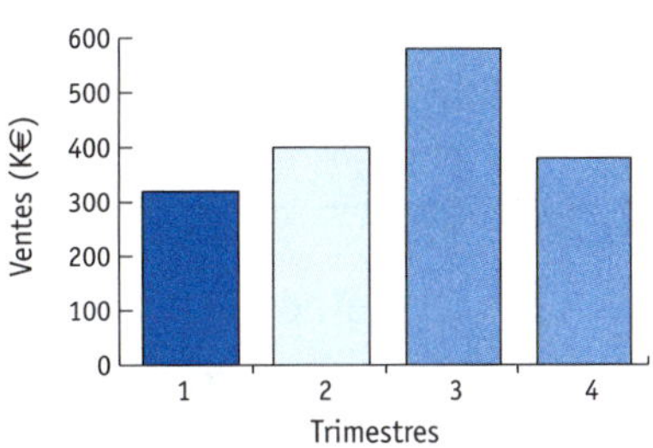

Dans le cas de l'entreprise AB, les ventes augmentent de façon régulière.
Dans le cas de l'entreprise CD, les ventes augmentent de façon irrégulière selon les trimestres.
Dans le cas de l'entreprise CD, **on dit que les ventes sont saisonnières**.

L'observation graphique ne suffit pas. Il est donc nécessaire de déterminer les coefficients saisonniers.

II. La détermination des coefficients saisonniers

A • 1re méthode : comparaison des ventes moyennes (entreprise CD)

Cette méthode consiste à :

- calculer les ventes trimestrielles moyennes :
ventes de l'année/4 = 1 680/4 = 420 ;
- diviser les ventes de chaque trimestre par les ventes trimestrielles moyennes :

Trimestres	Ventes	Opérations	Coefficients
1	320	320/420	0,76
2	400	400/420	0,95
3	580	580/420	1,38
4	380	380/420	0,90

Le total des coefficients est égal à 4.

Il est possible d'utiliser ces coefficients dans le cadre d'une prévision.
À partir de la prévision des ventes réalisées, on estime les ventes pour la prochaine année à 1 800 K€.

Il faut alors :
- calculer la valeur trimestrielle moyenne des ventes :
ventes annuelles/4 = 1 800/4 = 450 ;
- multiplier cette valeur par les coefficients de chaque trimestre.

Trimestres	Coefficients	Opérations	Prévisions trimestrielles
1	0,76	450 × 0,76	343
2	0,95	450 × 0,95	428
3	1,38	450 × 1,38	623
4	0,90	450 × 0,90	406

B • 2e méthode : les coefficients proportionnels (entreprise CD)

Cette méthode consiste à :

- calculer la part des ventes de chaque trimestre dans le total annuel :
ventes du trimestre/ventes de l'année.

Trimestres	Ventes	Opérations	Coefficients
1	320	320/420	0,190
2	400	400/420	0,238
3	580	580/420	0,345
4	380	380/420	0,226
Total	1 680		1

Pour la prévision (CA = 1 800 K€), il faut donc multiplier cette valeur par les coefficients de chaque trimestre.

Trimestres	Coefficients	Opérations	Prévisions trimestrielles
1	0,190	1 800 × 0,190	343
2	0,238	1 800 × 0,238	428
3	0,345	1 800 × 0,345	623
4	0,226	1 800 × 0,226	406

Remarques *:*
– Si dans les deux méthodes les coefficients sont différents, les prévisions obtenues doivent être identiques.
– Les méthodes ont été présentées pour des ventes trimestrielles ; mais la démarche est strictement identique pour des ventes mensuelles.
– Dans la première méthode, il suffit de diviser les ventes annuelles par 12 pour obtenir les ventes mensuelles moyennes.
– Dans la seconde méthode, il faut diviser les ventes mensuelles par les ventes annuelles et, dans la prévision, multiplier les ventes annuelles par les coefficients mensuels obtenus.

III. La détermination des totaux mobiles

A • Méthode

1. Principe

Cette technique consiste, pour chaque mois, à calculer le total des chiffres d'affaires des 12 mois précédents y compris le mois considéré.

2. Technique

Total mobile du mois de janvier = CA cumulé N – 1 + CA de janvier N – CA de janvier N – 1

Totaux mobiles des autres mois = Total mobile du mois précédent + CA du mois N – CA du mois N – 1

$$\text{Total mobile moyen par mois} = \frac{\text{Total mobile du mois}}{12}$$

B • Exemple

	CA 2007	CA 2008	Cumul 2008	Total Mobile 2008	Formule des totaux Mobiles
J	160	240	240	3070	Total CA 2008 + janvier 2008 – janvier 2007, soit : 2 990 + 240 – 160
F	120	80	320	3 030	Total Mobile janvier 2008 + février 2008 – février 2007, soit : 3 070 + 80 – 120
M	40	40	360	3 030	Total Mobile février 2008 + mars 2008 – mars 2007, soit : 3 030 + 40 – 40
A	40	50	410	3 040	Total Mobile mars 2008 + avril 2008 – avril 2007, soit : 3 030 + 50 – 40
M	40	90	500	3 090	Total Mobile avril 2008 + mai 2008 – mai 2007, soit : 3 040 + 90 – 40
J	90	150	650	3 150	...
J	150	250	900	3 250	...
A	390	500	1 400	3 360	...
S	610	880	2 280	3 630	...
O	500	610	2 890	3 740	...
N	450	560	3 450	3 850	...
D	400	610	4 060	4 060	...
Total	2 990	4 060			

C • Représentation graphique

Graphique en Z

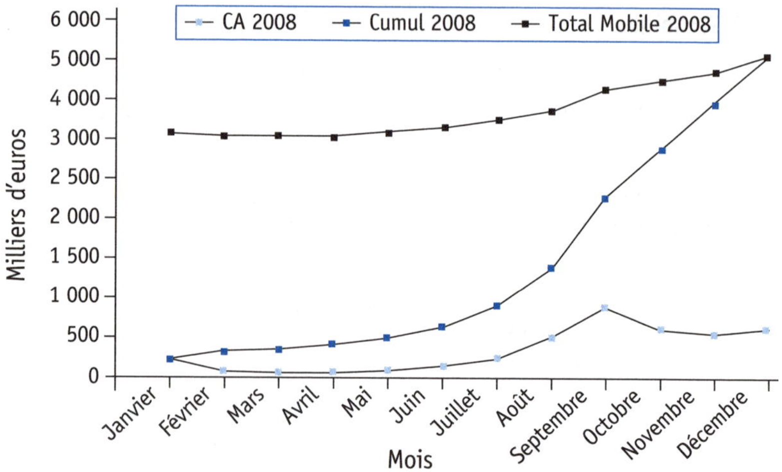

LES INDICES

I. LES TAUX ET LES POURCENTAGES

• Le calcul d'un **taux de variation** permet d'apprécier une évolution.

$$\text{Taux de variation} = \frac{\text{Valeur d'arrivée} - \text{Valeur de départ}}{\text{Valeur de départ}} \times 100$$

• **Exemple**

Le chiffre d'affaires de l'entreprise INENCO a évolué de la façon suivante :

Années	1	2	3	4	5
CA (millions d'euros)	500	650	850	900	1 000
Taux %		30	30,77	5,88	11,11

II. LES INDICES

Ils permettent de comparer des grandeurs dans le temps et dans l'espace.

• **Méthode de calcul**

On choisit une base de référence à laquelle on affecte l'indice 100.

$$\text{Indice de l'année N} = \frac{\text{Grandeur de l'année N}}{\text{Grandeur de l'année de base}} \times 100$$

• **Exemple**

année 1 = base de référence

Années	1	2	3	4	5
CA (millions d'euros)	500	650	850	900	1 000
Indices	100	130	170	180	200

III. LES EUROS COURANTS ET LES EUROS CONSTANTS

• **Euros courants** : euros de l'année en cours.

• **Euros constants** : prise en compte de la hausse des prix en exprimant les euros d'une année en référence à la valeur des euros d'une autre année.

• **Exemple**

L'évolution du chiffre d'affaires d'une entreprise en millions d'euros a été la suivante :

Années	1	2	3	4	5
CA (euros courants)	900	950	1 030	1 200	1 350
Indices des prix	100	116	136	145	155
CA (euros constants)	900	818,97 (*)	757,35	827,59	870,97

(*) 950/116 X 100 = 818,97 millions d'euros.

LE SEUIL DE RENTABILITÉ

I. LE CLASSEMENT DES CHARGES

A • Charges variables et charges fixes

• **Les charges variables** changent en fonction du niveau d'activité. Elles couvrent généralement les matières premières dans les entreprises de production et les achats de marchandises dans les entreprises de distribution.

• **Les charges fixes (ou de structure)** restent stables, quel que soit le niveau d'activité de l'entreprise. Elles comprennent, par exemple, la plus grande partie des charges de personnel et les dotations aux amortissements liées aux investissements réalisés. En réalité, ces charges évoluent par palier d'activité.

B • Le compte de résultat par variabilité des charges/compte de résultat différentiel

Il permet de calculer la marge sur coût variable, différence entre le chiffre d'affaires (hors taxes) et le total des charges variables.

Chiffre d'affaires = Total des ventes HT

Marge sur coût variable = Chiffre d'affaires – Charges variables

$$\text{Taux de marge sur coût variable} = \frac{\text{Marge sur coût variable}}{\text{Chiffre d'affaires}} \times 100$$

Résultat = Marge sur coût variable – Charges fixes

• Compte de résultat différentiel : exemple

Éléments	Montants (en euros)	%
Chiffre d'affaires	10 000	100 %
– Coût variable	8 000	80 %
= Marge sur coût variable	2 000	20 %
– Coût fixe	1 000	
= Résultat	1 000	

Le taux de marge sur coût variable ne varie pas lorsque le chiffre d'affaires change. Il constitue la base du calcul du seuil de rentabilité.

II. Le calcul du seuil de rentabilité

A • Définition

Le seuil de rentabilité (SR) est le chiffre d'affaires minimal permettant de couvrir les charges. Pour ce niveau de chiffre d'affaires, le résultat est égal à zéro. Au-delà, l'entreprise commence à réaliser un bénéfice.

$$\text{Seuil de rentabilité} = \frac{\text{Charges fixes}}{\text{Taux de marge sur coût variable}}$$

Dans notre exemple, SR = 1 000/0,20 = 5 000 €.

B • Représentation graphique

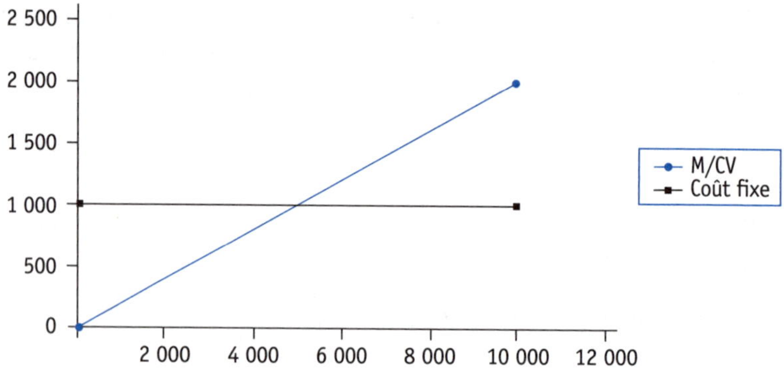

• Tant que la droite de marge sur coût variable se situe au-dessous de la droite de coût fixe, cela signifie que l'on est en zone de pertes, car la M/CV ne suffit pas à « payer » les coûts fixes (CA compris entre 0 € et 5 000 €).

• Lorsque les deux droites se croisent, on atteint le seuil de rentabilité, qui correspond bien ici à un chiffre d'affaires de 5 000 €.

• Lorsque la droite de marge sur coût variable se situe au-dessus de la droite de coût fixe, cela signifie que l'on est en zone de bénéfices, puisque la M/CV dépasse les coûts fixes (CA supérieurs à 5 000 €).

C • Calcul du point mort

Le point mort correspond à la date d'obtention du seuil de rentabilité. En supposant une année comptable de 360 jours, le point mort est obtenu ainsi :

$$\text{Point mort} = \frac{\text{Seuil de rentabilité}}{\text{Chiffre d'affaires annuel}} \times 360 \text{ jours}$$

Dans notre exemple, PM = (5 000 × 360)/10 000 = 180 jours, soit fin juin.

FICHE 84

LE SEUIL DE RENTABILITÉ ET LE DÉVELOPPEMENT EXPORT

I. LA CONTRAINTE DE RENTABILITÉ DANS LE CADRE DU DÉVELOPPEMENT EXPORT

A • Principe

1. La méthode du seuil de rentabilité est très utile pour évaluer les diverses actions en direction d'un marché étranger.

2. Chaque action (participation à un salon, campagne de communication, recrutement d'un représentant salarié, agrandissement de l'unité de production pour faire face à la demande étrangère...) peut être décomposée en charges fixes supplémentaires et/ou en pourcentage de charges variables supplémentaires, et permet d'estimer dans chaque cas le chiffre d'affaires critique ou seuil de rentabilité.

3. Il est ainsi possible de déterminer la viabilité de différentes solutions en matière de réseau de vente à l'international. Deux cas types peuvent être distingués : la modification ne porte que sur les charges fixes ; la modification concerne non seulement les charges fixes mais aussi le taux de marge sur coût variable.

B • Solutions d'implantation et modification des charges

1. Les différentes solutions d'implantation (représentant salarié, filiale de commercialisation, filiale de production, etc.) génèrent de nouvelles charges.

2. Chaque solution s'analyse avec un nouveau niveau de charges fixes et, éventuellement, avec une modification du taux de marge sur coût variable. Cela permet de dégager le chiffre d'affaires prévisionnel qui équilibre cette modalité d'implantation.

II. EXEMPLE

L'entreprise ABCD implantée à Abbeville (80) envisage d'étendre son activité et projette l'implantation d'une nouvelle usine en Espagne où, après étude de marché, il s'avère qu'elle pourra écouler jusqu'à 30 000 articles au prix de vente unitaire de 100 €. Le taux de marge/coût variable est de 4,1 5 %.

• Diverses hypothèses de structure sont envisagées

	Charges de structure	Capacité de production (nombre d'articles)
Hypothèse 1	50 000	18 000
Hypothèse 2	80 000	24 000
Hypothèse 3	95 000	30 000

• Solutions graphiques

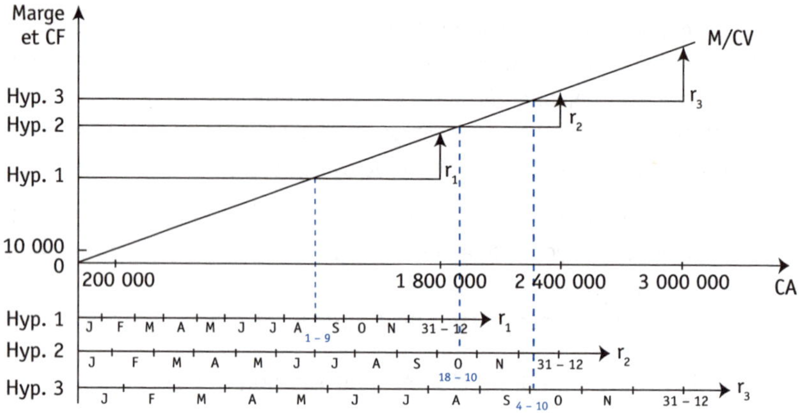

• Les résultats correspondant aux trois hypothèses

MCV = Charges fixes + Résultat

Hypothèse 1 : (4,15 × 18 000) – 50 000 = 24 700
Hypothèse 2 : (4,15 × 24 000) – 80 000 = 19 600
Hypothèse 3 : (4,15 × 30 000) – 95 000 = 29 500

– Si l'entreprise recherche un investissement avec le moins de risque possible, elle retiendra l'hypothèse 1 dont le seuil de rentabilité est atteint le 1er septembre.
– Si l'entreprise privilégie la rentabilité, elle choisira l'hypothèse 3, où le bénéfice espéré est le plus élevé.

FICHE 85

LE COÛT DE REVIENT ET LE RÉSULTAT

Le calcul des coûts permet de savoir ce que coûte un produit ou un service que l'on vend, de déterminer son prix de vente et enfin de connaître avec précision le résultat obtenu.

I. LES COMPOSANTES DU COÛT DE REVIENT

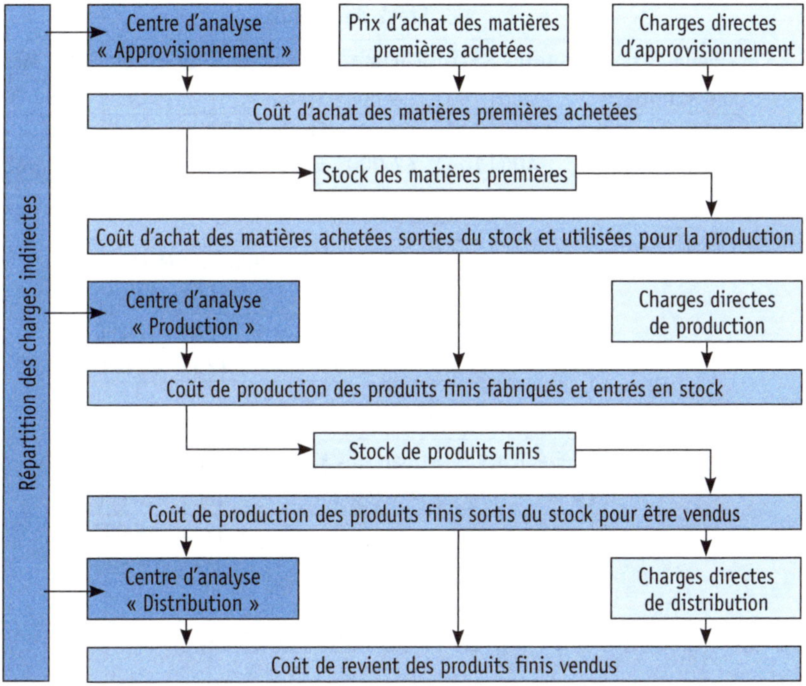

II. LE CALCUL DU RÉSULTAT SANS STOCK

Une entreprise achète et vend des produits aux conditions suivantes : prix d'achat unitaire : 100 €, charges d'approvisionnement : 10 €, charges de distribution : 20 €, prix de vente : 160 €.

Prix d'achat	100
Charges d'approvisionnement	10
Coût d'achat	**110**
Charges de distribution	20
Coût de revient	**130**
Prix de vente	160
Résultat	**30**

III. Le calcul du résultat avec stock

Une entreprise achète et vend des produits aux conditions suivantes : prix d'achat unitaire : 100 €, charges d'approvisionnement : 10 €, charges de distribution : 20 €, prix de vente : 160 € et stock de départ : 90 €.

Calcul du coût d'achat

Éléments	Quantités	Prix unitaire	Montant
Prix d'achat	300	100	30 000
Approvisionnement	300	10	3 000
Coût d'achat	**300**	**110**	**33 000**

Stock de produit

Éléments	Quantités	PU	Montant	Éléments	Quantités	PU	Montant
Stock initial	100	90	9 000	Sorties	360	105	37 800
Entrée	300	110	33 000	Stock final	40	105	4 200
Total	**400**	**105**	**42 000**	Total	**400**	**105**	**42 000**

Calcul du coût de revient

Éléments	Quantités	Prix unitaire	Montant
Stock initial	360	105	37 800
Distribution	360	20	7 200
Coût de revient	**360**	**125**	**45 000**

Calcul du résultat

Éléments	Quantités	Prix unitaire	Montant
CA	360	160	57 600
Coût de revient	360	125	45 000
Résultat	**360**	**35**	**12 600**

IV. Le calcul du coût moyen et du coût marginal

Le coût marginal peut être défini comme le coût de la dernière unité produite. Il correspond à la variation du coût total engendré par l'accroissement du volume de production.

Exemple : Une entreprise fabrique 500 produits pour 550 000 €. Une commande supplémentaire de 200 unités porte le coût total de fabrication à 610 000 €.

- **Coût moyen avant commande :** 550 000/500 = 1 100 €.
- **Coût moyen après commande supplémentaire :** 610 000/700 = 871,42 €.
- **Coût marginal de cette dernière commande :** (610 000 – 550 000)/200 = 300 €.

FICHE 86

ÉVALUER UN PARTENAIRE COMMERCIAL : ANALYSE DU BILAN

Le bilan est la photographie du patrimoine de l'entreprise à un moment donné. Le bilan fait partie des documents de synthèse. Il regroupe les ressources dont l'entreprise dispose et les emplois qu'elle en fait.

Actifs = emplois **Passifs = ressources**

I. LA PRÉSENTATION DU BILAN

A • Des approches différentes

1. Les règles de présentation et de valorisation des éléments comptables ne sont pas identiques dans tous les pays. Il existe des normes internationales ainsi que des directives européennes destinées à assurer une homogénéité minimale et à faciliter les comparaisons des situations et performances financières des sociétés.

2. Actuellement, l'approche française repose sur une vision juridique de l'entreprise où la comptabilité est un outil de contrôle, et l'approche anglo-américaine sur une vision économique où la comptabilité est un outil d'aide à la décision et de mesure de la richesse créée pour l'actionnaire.

3. Malgré ces différences en matière de règles comptables, l'analyse de documents comptables français peut être une grille d'analyse permettant de comprendre la situation comptable et financière du partenaire étranger. Même si les présentations changent, il suffit d'adapter la grille de lecture pour comprendre et évaluer la situation financière d'un partenaire.

B • Le bilan comptable

ACTIF	PASSIF
ACTIF IMMOBILISÉ – Immobilisations incorporelles – Immobilisations corporelles – Immobilisations financières **ACTIF CIRCULANT** – Stocks – Créances – VMP – Disponibilités	**CAPITAUX PROPRES** – Capital – Réserves – Résultat de l'exercice **PROVISIONS POUR RISQUES ET CHARGES** – Provisions pour risques – Provisions pour charges **DETTES** – Dettes financières – Dettes d'exploitation – Dettes diverses

II. Du bilan comptable au bilan fonctionnel

A • Définition et présentation

1. Le **bilan fonctionnel** est un bilan en grandes masses, élaboré à partir du bilan comptable, afin de préparer l'analyse des équilibres financiers de l'entreprise.

2. Les grandes masses du bilan fonctionnel :

ACTIF		PASSIF	
	Montant		**Montant**
EMPLOIS STABLES		**RESSOURCES STABLES** – Capitaux propres – Dettes financières	
ACTIF CIRCULANT BRUT		**DETTES CIRCULANTES**	
TOTAL		**TOTAL**	

B • Construire un bilan fonctionnel

ACTIF
EMPLOIS STABLES (ES) : actif immobilisé du bilan comptable en valeur brute.
ACTIF CIRCULANT BRUT : stocks, encours, créances, les disponibilités.

PASSIF
RESSOURCES STABLES (RS) : capitaux propres + amortissements et provisions (dettes financières – découverts bancaires).
DETTES CIRCULANTES : ensemble des dettes à caractère circulant (dettes sur achats, salaires...) ou cyclique (TVA, Impôts...) + découverts bancaires.

FICHE 87

ÉVALUER UN PARTENAIRE COMMERCIAL : ANALYSE DU FRNG ET DU BFR

I. DÉFINITION

Le FRNG et BFR sont des indicateurs permettant de connaître la situation financière d'une entreprise.

A • Le FRNG

Le FRNG est constitué des ressources stables excédentaires qui financent les besoins du cycle d'exploitation. Il doit être positif afin d'assurer l'équilibre financier de l'entreprise : les emplois doivent être financés par des ressources stables.

• Deux méthodes de calcul

- Par le haut du bilan :

FRNG = RS – ES

FRNG = Capitaux propres + Dettes financières – Actif immobilisé brut

- Par le bas du bilan :

FRNG = Actif circulant – Dettes circulantes

B • Le BFR

Il représente le besoin de financement dû à l'exploitation. Il existe en effet des décalages entre le moment d'achat des marchandises et leur vente (création de stock qui augmente le BFR), le moment de ventes des marchandises et leur règlement (création de créances clients qui augmentent le BFR).

• Calcul

BFR = Actif circulant (hors disponibilités) – Dettes circulantes (hors passif de trésorerie)

Remarque : *Le passif de trésorerie représente les découverts et les avances faites par la banque.*

C • La trésorerie

Trésorerie = FRNG – BFR

Si FRNG > BFR → trésorerie positive, si négative recours au découvert bancaire.

II. Les ratios de structure (complètent l'analyse du bilan par FRNG et BFR)

A • Le ratio d'indépendance financière

$$R1 = \frac{\text{Capitaux propres}}{\text{Ressources stables}}$$

Remarque : *Plus il est élevé, plus l'entreprise possède une capacité d'endettement importante.*

B • Le ratio de financement des investissements

Il mesure l'excédent des ressources stables par rapport à l'actif immobilisé. Si FNRG est positif, ce ratio est supérieur à 1.

$$R2 = \frac{\text{Ressources stables}}{\text{Actif immobilisé brut}}$$

C • Le ratio de liquidité de l'actif

Plus ce ratio est important, moins l'entreprise pourra dégager rapidement des disponibilités en cas de problème urgent.

$$R3 = \frac{\text{Actif immobilisé brut}}{\text{Actif total brut}}$$

FICHE 88

ÉVALUER UN PARTENAIRE COMMERCIAL : IMPACT DE LA RELATION COMMERCIALE

I. LA GESTION DES STOCKS

Une gestion des stocks efficace permet de diminuer le BFR. Pour cela il est nécessaire d'optimiser le taux de service et le niveau des stocks.

- **Le taux de service** : c'est la capacité de l'entreprise à assurer la vente et la livraison des produits vendus aux prix négociés et dans les délais prévus.
- **Le niveau des stocks** : étude de la rotation des stocks.

$$\text{Délai de rotation des stocks} = \frac{\text{Stock moyen}}{\text{Consommation de l'exercice}} \times 360$$

Durée moyenne en jours → les marchandises restent en moyenne x jours en stocks avant d'être vendues.

$$\text{Stock moyen} = \frac{\text{ST initial + ST final}}{2}$$

Consommation de l'exercice : coût des marchandises vendues.

$$\text{Taux de rotation} = \frac{\text{Consommation de l'exercice}}{\text{Stock moyen}}$$

Le stock est renouvelé X fois par an.

II. LA GESTION DES COMPTES CLIENTS ET FOURNISSEURS

Les postes clients et fournisseurs sont souvent les parties les plus importantes du BFR.

- **Délai de rotation des clients** (crédit client)

$$\text{Délai moyen de règlement des créances clients} = \frac{\text{Créances TTC}}{\text{ventes TTC}} \times 360 = x \text{ jours}$$

- **Délai de rotation des fournisseurs** (crédit fournisseurs)

$$\text{Durée moyenne du crédit fournisseur} = \frac{\text{Dettes fournisseurs TTC}}{\text{Achats TTC}} \times 360$$

Remarque : *Pour limiter le risque client, l'entreprise peut disposer d'un ensemble d'outils : assurance-crédit, affacturage, lettres de change, virements…*

FICHE 89

ÉVALUER UN PARTENAIRE COMMERCIAL : COMPTE DE RÉSULTAT ET SIG

• Le compte de résultat récapitule les charges et les produits de l'exercice afin d'expliquer la formation du résultat (bénéfice ou perte).

• Le résultat se calcule par la différence entre les produits et les charges.

Charges = emplois = débit **Produits = ressources = crédit**

I. LA PRÉSENTATION DU COMPTE DE RÉSULTAT

Charges	Produits
CHARGES D'EXPLOITATION – Achats de matières premières – Achats de marchandises – Locations – Primes d'assurances – Charges de personnel, sociales...	**PRODUITS D'EXPLOITATION** – Ventes – Subventions d'exploitation reçues – Locations reçues
CHARGES FINANCIÈRES – Intérêts des emprunts à long terme – Intérêts sur opérations à court terme (terme)	**PRODUITS FINANCIERS** – Titres immobilisés (participation)
CHARGES EXCEPTIONNELLES – Amende fiscale – Indemnité à verser	**PRODUITS EXCEPTIONNELS** – Amende fiscale – Indemnité à verser

II. L'ANALYSE DU RÉSULTAT PAR LES SOLDES INTERMÉDIAIRES DE GESTION (SIG)

• Les SIG montrent la formation du résultat net et permettent de mettre en évidence des indicateurs significatifs de la gestion de l'entreprise : la marge commerciale, la valeur ajoutée...

• Ils sont utiles pour étudier la répartition de la valeur ajoutée entre les différents partenaires de l'entreprise : le personnel, l'État, les actionnaires, les banquiers.

A • L'évaluation de l'activité commerciale

• Marge commerciale

Elle s'effectue par le calcul de la marge commerciale. Elle ne concerne que les entreprises commerciales, ou la partie commerciale des entreprises industrielles.

La marge commerciale est un indicateur fondamental de l'activité de l'entreprise qui permet d'établir des comparaisons avec les entreprises concurrentes.

Marge commerciale	=	Vente de marchandises	–	Coût d'achat des marchandises vendues(1)

(1) coût d'achat des marchandises vendues = achats nets de marchandises HT + variations de stocks de marchandises.

Remarque *: La marge commerciale est utilisée pour déterminer taux de marque et taux de marge.*

B • L'analyse de l'exploitation

1. La production de l'exercice

Elle ne concerne que les entreprises industrielles.

Production de l'exercice	=	Production vendue	+	Production stockée	+	Production immobilisée

2. La valeur ajoutée

Elle mesure la contribution de l'entreprise et ses salariés à l'économie. La valeur ajoutée traduit l'accroissement de valeur que l'entreprise apporte aux biens et aux services.

La VA est partagée entre : le personnel de l'entreprise, l'État (impôts), les actionnaires (dividendes), les prêteurs (intérêts), l'entreprise elle-même (part de la VA consacrée aux amortissements).

VA	=	Marge commerciale	+	Production de l'exercice	–	Consommation en provenance des tiers

3. L'excédent brut d'exploitation (EBE)

Il s'agit de la VA disponible après paiement des charges de personnel, des impôts et taxes. L'EBE permet de mesurer la rentabilité de l'exploitation. C'est le meilleur critère de performance industrielle/commerciale de l'entreprise.

EBE	=	Valeur ajoutée	+	Subventions d'exploitation	–	Impôts et taxes	–	Charges de personnel

4. Le résultat d'exploitation

Il est obtenu après déduction des amortissements et des provisions. Il mesure la ressource nette dégagée par les opérations de gestion (pas de produits finis et exceptionnels).

RE	=	EBE	+	Reprises et transfert de charges	+	Autres produits	–	Dotation aux amortissements	–	Autres charges

C • Du résultat d'exploitation au résultat de l'exercice

1. Le résultat courant avant impôt

Il mesure le résultat des opérations courantes et financières.

RCAI = RE + Produits financiers – Charges financières

2. Le résultat exceptionnel

Il est indépendant des soldes précédents. Il est obtenu par différence entre les produits et les charges exceptionnelles. Il s'agit ici d'une simple comparaison entre les produits et charges exceptionnels.

3. Le résultat de l'exercice

C'est le résultat comptable de l'entreprise.

Résultat de l'exercice = Résultat courant avant impôt + Résultat exceptionnel – Participation des salariés – Impôts

Fiche 90

L'analyse du résultat par les ratios et la CAF

I. L'analyse du résultat par les ratios

Ratio	Formule	Signification
Évolution de l'activité	$[(CA_N - CA_{N-1})/ CA_{N-1})] \times 100$	Mesure l'accroissement du CA.
Taux de marge	(Marge commerciale/coût d'achat des marchandises) × 100	Mesure la profitabilité de la marge commerciale.
Taux de marque	(Marge commerciale/CA HT) × 100	Marge réalisée pour 1 € d'achat.
Rentabilité financière	(Résultat de l'exercice/capitaux propres) × 100	Mesure la rentabilité des capitaux investis dans l'entreprise.

II. La capacité d'autofinancement (CAF)

- Le financement d'une entreprise peut avoir deux origines : une **origine externe** (capital, emprunt, crédit fournisseur), une **origine interne** (autofinancement : l'entreprise, par son activité, se crée des moyens de financement).

- La **CAF** mesure les ressources propres, dégagées par l'exploitation, dont dispose l'entreprise pour financer un investissement. Il est en effet important de savoir si le client avec qui on traite dispose ou non de quoi financer son acquisition.

- La CAF peut se déterminer de deux manières différentes :
  - À partir de l'EBE :

    CAF = EBE + Autres produits encaissés – Autres charges décaissées

  - À partir du compte de résultat :

    CAF = Produits encaissés + Charges décaissées

PARTIE 5

TESTS

TEST 1

LES ÉTUDES ET LA VEILLE COMMERCIALES PROSPECTION ET NÉGOCIATION

N°	Questions	Vrai	Faux
1	Le marketing est constitué d'actions, de techniques mais c'est aussi un état d'esprit.		
2	La démarche marketing repose sur la satisfaction des besoins du consommateur grâce à l'étude des besoins du consommateur.		
3	Le plan de marchéage est constitué de trois éléments.		
4	Le dilemme adaptation/standardisation est au cœur du marketing international.		
5	Le développement international de l'entreprise ne s'explique que par des facteurs d'environnement.		
6	Le marketing international se décline en trois approches.		
7	L'approche d'un marché étranger est constituée de 4 étapes : étude pays et sélection de marché(s), étude sectorielle, diagnostic export, diagnostic culturel.		
8	Il est possible de présenter une sélection d'un marché étranger dans une matrice de sélection.		
9	Les études portant sur la structure et le fonctionnement d'un marché étranger se décomposent en deux parties : analyse de l'offre et de la demande.		
10	Le sondage est une technique d'étude qualitative.		
11	Le panel est une étude ponctuelle.		
12	Le diagnostic export est composé d'un diagnostic interne et d'un diagnostic externe.		
13	La culture d'un pays ou d'un peuple influence le monde des affaires.		
14	Prospect et client sont deux termes synonymes.		
15	La prospection à l'international ne peut être qu'une prospection active.		

N°	Questions	Vrai	Faux
16	L'assurance prospection réduit le risque de change.		
17	Les adaptations d'un produit ne sont que des adaptations commerciales.		
18	La filiale de distribution peut être qualifiée de mode de présence sous-traité.		
19	Le marketing direct est un moyen de communication hors médias.		
20	Les objections dans le cadre d'une négociation sont toujours fondées.		
21	Un argumentaire de vente est structuré selon la méthode CAP.		

TEST 2

LES INCOTERMS

N°	Questions	Oui	Non
1	Vous vendez EWX Amiens. Payez-vous les formalités à l'export ?		X
2	Vous vendez EXW Amiens. Prenez-vous en charge le chargement des marchandises sur le premier mode de transport ?		X
3	Vous achetez EXW Casablanca. Êtes-vous responsable de l'emballage export ?		X
4	Vous vendez EXW Loaded Amiens. Gérez-vous les formalités de douane export ?		X
5	Vous vendez EXW Loaded Amiens. Prenez-vous en charge le chargement des marchandises sur le premier mode de transport ?	X	
6	Vous vendez FCA Usine du vendeur à Amiens. Prenez-vous en charge les formalités export ?		X
7	Vous vendez FCA Usine du vendeur à Amiens. Prenez-vous en charge le chargement sur le premier mode de transport ?	X	
8	Vous vendez FCA Roissy CGD. Devez-vous organiser le pré-acheminent entre votre usine et l'aéroport ?	X	
9	Vous vendez FCA Roissy CGD. Devez-vous décharger la marchandise à l'arrivée du camion à Roissy ?	X	
10	Vous achetez FAS Hong-Kong. Organisez-vous le transport maritime ?		X
11	Vous vendez FOB Le Havre. Devez-vous charger la marchandise à bord du navire ?	X	
12	Vous vendez CFR New York. Êtes-vous responsable des risques encourus par la marchandise pendant le transport maritime ?		X

N°	Questions	Oui	Non
13	Vous achetez CIF Marseille. Êtes-vous responsable des risques encourus par la marchandise pendant le transport maritime ?	X	
14	Vous vendez CFR New York. Payez-vous l'assurance transport maritime ?		X
15	Vous achetez CIF Marseille. Payez-vous l'assurance transport maritime ?	X	
16	Vous achetez DAT Marseille. Déchargez-vous les marchandises à l'arrivée du navire ?	X	
17	Vous vendez DAF Moscou. Devez-vous décharger à vos frais et risques lieu convenu, droits de douane payés ?		
18	Vous achetez CIP Roissy CDG. Gérez-vous les formalités douanières import ?	X	
19	Vous achetez DDU Bordeaux. Gérez-vous les formalités douanières import ?	X	
20	Vous vendez DDP Boston. Gérez-vous les formalités de dédouanement à l'importation aux USA ?	X	

TEST 3

LES RÉGIMES DOUANIERS

Pour chaque cas, proposez une solution de régime douanier adaptée :

1. Une entreprise française importe de Russie une grande quantité de caviar courant novembre. Ces produits sont destinés à être commercialisés à l'occasion des fêtes de fin d'année. Ses clients habituels sont situés en France (50 % des ventes), en Grande-Bretagne (25 %), en Italie (10 %) et aux États-Unis (15 %).

2. Une entreprise française engage une démarche de prospection en Amérique du Nord (États-Unis, Canada, Mexique). Elle envoie un commercial présenter des échantillons.

3. Un importateur français importe des fruits du Maroc via l'Espagne à destination de Rungis.

4. Une entreprise allemande loue pendant trois mois une machine en provenance du Japon et destinée à y être réexportée.

5. Une entreprise italienne expédie des matières premières en Slovaquie pour assemblage.

6. Une entreprise importe une grande quantité de matière première pour bénéficier de cours bas et les stocke. Elle ne retirera tous les mois que les quantités nécessaires à sa production.

7. Envoi de matériel en démonstration sur trois salons successifs en Asie.

8. Location d'un matériel de dépannage américain dans une usine française pendant deux mois.

9. Exportation de composants électroniques en Tunisie pour assemblage et réimportation de produits finis.

10. Importation de textile et de fil en France pour broderie puis réexportation.

11. Importation de jouets du Japon destinés à être commercialisés en France. Arrivée à Roissy, dédouanement à Amiens.

12. Expédition de marchandises en Italie par route via la Suisse.

13. Exportation de marchandises en Russie par route.

14. Marchandises destinées à l'exportation en année N+1 : l'entreprise doit exporter pour 60 000 € de marchandises avant fin juin de l'année N pour toucher des subventions.

15. Expédition de marchandises en Pologne, via la Belgique et l'Allemagne.

LES OUTILS DE GESTION COMMERCIALE

N°	Questions	Vrai	Faux
1	La méthode de Mayer consiste à couper la série en trois.		
2	Le point moyen de la série appartient à la droite des moindres carrés.		
3	Le coefficient de corrélation permet de mettre en évidence une relation entre deux variables.		
4	Pour utiliser la méthode des moindres carrés, le coefficient de corrélation doit être compris de préférence entre 0,4 et 0,6.		
5	La méthode de Mayer est la méthode de prévision la plus précise.		
6	Une corrélation importante entre deux variables peut être due à une cause commune.		
7	Le bilan permet d'analyser après traitement la santé financière de l'entreprise.		
8	L'actif circulant est composé des stocks.		
9	FRNG = actif circulant/emplois stables.		
10	Ratio d'indépendance financière = capitaux propres/ressources stables.		
11	Ratio de liquidité de l'actif = actif circulant/dettes circulantes.		
12	Les ratios s'analysent en fonction du résultat de l'entreprise.		
13	Le bilan est réalisé tous les deux ans.		
14	Le bilan fonctionnel se présente en deux parties.		
15	Le FRNG et le BFR sont des indicateurs permettant de connaître la situation financière de l'entreprise.		
16	Les ratios s'analysent en fonction du secteur d'activité.		
17	Le résultat d'exploitation est un bénéfice lorsque les charges totales sont inférieures au total des produits.		
18	Le résultat de l'exercice correspond au résultat d'exploitation.		

N°	Questions	Vrai	Faux
19	La marge commerciale se calcule uniquement dans les entreprises commerciales.		
20	Le taux de marque représente un pourcentage de marge commerciale par rapport au chiffre d'affaires.		
21	La valeur ajoutée représente la richesse créée par l'entreprise.		
22	La capacité d'autofinancement représente des sources créées par l'entreprise.		

LES ÉTUDES ET LA VEILLE COMMERCIALES PROSPECTION ET NÉGOCIATION

RÉPONSES TEST 1

N°	Questions	Vrai	Faux
1	Le marketing est constitué d'actions, de techniques mais c'est aussi un état d'esprit.	✗	
2	La démarche marketing repose sur la satisfaction des besoins du consommateur grâce à l'étude des besoins du consommateur.	✗	
3	Le plan de marchéage est constitué de trois éléments. *On parle des 4 P : product, price, place, promotion.*		✗
4	Le dilemme adaptation/standardisation est au cœur du marketing international.	✗	
5	Le développement international de l'entreprise ne s'explique que par des facteurs d'environnement. *Il faut tenir compte des facteurs commerciaux, industriels, d'opportunité…*		✗
6	Le marketing international se décline en trois approches.	✗	
7	L'approche d'un marché étranger est constituée de 4 étapes : étude pays et sélection de marché(s), étude sectorielle, diagnostic export, diagnostic culturel.	✗	
8	Il est possible de présenter une sélection d'un marché étranger dans une matrice de sélection.	✗	
9	Les études portant sur la structure et le fonctionnement d'un marché étranger se décomposent en deux parties : analyse de l'offre et de la demande. *Offre, demande, distribution, environnement.*		✗
10	Le sondage est une technique d'étude qualitative. *C'est une étude quantitative.*		✗
11	Le panel est une étude ponctuelle. *C'est une étude permanente.*		✗

N°	Questions	Vrai	Faux
12	Le diagnostic export est composé d'un diagnostic interne et d'un diagnostic externe.	✗	
13	La culture d'un pays ou d'un peuple influence le monde des affaires.	✗	
14	Prospect et client sont deux termes synonymes. *Le prospect n'est pas encore client.*		✗
15	La prospection à l'international ne peut être qu'une prospection active. *Elle peut être passive également.*		✗
16	L'assurance prospection réduit le risque de change. *Elle couvre les risques liés à la prospection et doit faciliter la démarche de prospection de l'entreprise.*		✗
17	Les adaptations d'un produit ne sont que des adaptations commerciales. *Elles peuvent être également techniques.*		✗
18	La filiale de distribution peut être qualifiée de mode de présence sous-traité. *C'est un mode de présence contrôlé.*		✗
19	Le marketing direct est un moyen de communication hors médias.	✗	
20	Les objections dans le cadre d'une négociation sont toujours fondées. *Elles peuvent être non fondées.*		✗
21	Un argumentaire de vente est structuré selon la méthode CAP.	✗	

RÉPONSES TEST 2

N°	Questions	Oui	Non
1	Vous vendez EWX Amiens. Payez-vous les formalités à l'export ?		✗
2	Vous vendez EXW Amiens. Prenez-vous en charge le chargement des marchandises sur le premier mode de transport ?		✗
3	Vous achetez EXW Casablanca. Êtes-vous responsable de l'emballage export ?		✗
4	Vous vendez EXW Loaded Amiens. Gérez-vous les formalités de douane export ?		✗
5	Vous vendez EXW Loaded Amiens. Prenez-vous en charge le chargement des marchandises sur le premier mode de transport ?	✗	
6	Vous vendez FCA Usine du vendeur à Amiens. Prenez-vous en charge les formalités export ?	✗	
7	Vous vendez FCA Usine du vendeur à Amiens. Prenez-vous en charge le chargement sur le premier mode de transport ?	✗	
8	Vous vendez FCA Roissy CGD. Devez-vous organiser le pré-acheminent entre votre usine et l'aéroport ?	✗	
9	Vous vendez FCA Roissy CGD. Devez-vous décharger la marchandise à l'arrivée du camion à Roissy ?		✗
10	Vous achetez FAS Hong-Kong. Organisez-vous le transport maritime ?		✗
11	Vous vendez FOB Le Havre. Devez-vous charger la marchandise à bord du navire ?	✗	

N°	Questions	Oui	Non
12	Vous vendez CFR New York. Êtes-vous responsable des risques encourus par la marchandise pendant le transport maritime ?		✗
13	Vous achetez CIF Marseille. Êtes-vous responsable des risques encourus par la marchandise pendant le transport maritime ?	✗	
14	Vous vendez CFR New York. Payez-vous l'assurance transport maritime ?	✗	
15	Vous achetez CIF Marseille. Payez-vous l'assurance transport maritime ?		✗
16	Vous achetez DAT Marseille. Déchargez-vous les marchandises à l'arrivée du navire ?		✗
17	Vous vendez DAF Moscou. Devez-vous décharger à vos frais et risques lieu convenu, droits de douane payés ?		✗
18	Vous achetez CIP Roissy CDG. Gérez-vous les formalités douanières import ?	✗	
19	Vous achetez DDU Bordeaux. Gérez-vous les formalités douanières import ?	✗	
20	Vous vendez DDP Boston. Gérez-vous les formalités de dédouanement à l'importation aux USA ?	✗	

RÉPONSES TEST 3

1. Régime de stockage : suspension de droits et taxes, payés à la sortie de l'entrepôt pour les ventes en France, régime de transit pour la Grande Bretagne et l'Italie puis MAC. Réexportation en exonération de droits et taxes pour les États-Unis.

2. Exportation temporaire : permet de ré-importer en exonération de droits et taxes. Carnet ATA quand plusieurs pays.

3. Importation définitive : marchandise destinée à une MAC immédiate.

4. Régime d'admission temporaire : adapté pour les locations, en exonération partielle de droits.

5. Piège ! Pas de douanes ! La Slovaquie fait partie de l'UE !

6. Régime de stockage : sortie au fur et à mesure des besoins.

7. Carnet ATA : couvre l'exportation temporaire et le transit d'échantillons et objets d'exposition destinés à être ré-importés, dans **plusieurs pays successifs.**

8. Admission temporaire (idem 4).

9. Régime de transformation : **perfectionnement passif**, permet de ré-importer en ne payant des droits et taxes que sur la VA à l'étranger.

10. Régime de transformation : **perfectionnement actif** : permet de préserver la compétitivité prix de l'UE. Quand un pays de l'UE est sous-traitant, en important pour transformation et ré-exportation des composants de pays tiers en exonération de droits et taxes.

11. Transit puis **importation définitive**.

12. Transit pour traverser un pays de l'AELE.

13. TIR et **exportation définitive**.

14. Régime d'entrepôt export avant exportation définitive. Permet de bénéficier tout de suite d'avantages et subvention liés à l'exportation.

15. Piège ! Europe !

RÉPONSES TEST 4

N°	Questions	Vrai	Faux
1	La méthode de Mayer consiste à couper la série en trois. *La méthode de Mayer découpe la série en deux sous-séries.*		✗
2	Le point moyen de la série appartient à la droite des moindres carrés. *Il appartient à la droite de Mayer.*		✗
3	Le coefficient de corrélation permet de mettre en évidence une relation entre deux variables. *Il mesure la dépendance entre deux variables.*	✗	
4	Pour utiliser la méthode des moindres carrés, le coefficient de corrélation doit être compris de préférence entre 0,4 et 0,6. *Il doit être compris entre 0,8 et 1 ou entre – 0,8 et – 1.*		✗
5	La méthode de Mayer est la méthode de prévision la plus précise. *La méthode des moindres carrés est mathématiquement la plus précise.*		✗
6	Une corrélation importante entre deux variables peut être due à une cause commune.	✗	
7	Le bilan permet d'analyser après traitement la santé financière de l'entreprise.	✗	
8	L'actif circulant est composé des stocks. *Il comprend également les créances, les valeurs mobilières de placement, les disponibilités.*		✗
9	FRNG = actif circulant/emplois stables. *FRNG = ressources stables – emplois stables.*		✗
10	Ratio d'indépendance financière = capitaux propres/ressources stables.	✗	
11	Ratio de liquidité de l'actif = actif circulant/dettes circulantes. *Ratio de liquidité de l'actif = actif immobilisé brut/actif total brut.*		✗
12	Les ratios s'analysent en fonction du résultat de l'entreprise. *Les ratios s'analysent en fonction des ratios moyens du secteur d'activité et doivent respecter certaines normes. Le ratio de financement des investissements doit, par exemple, être supérieur à 1.*		✗

N°	Questions	Vrai	Faux
13	Le bilan est réalisé tous les deux ans. *Obligatoire tous les ans, il est réalisé à la fin de chaque exercice comptable.*		✗
14	Le bilan fonctionnel se présente en deux parties. *Tous les bilans se présentent en deux parties.*	✗	
15	Le FRNG et le BFR sont des indicateurs permettant de connaître la situation financière de l'entreprise.	✗	
16	Les ratios s'analysent en fonction du secteur d'activité.	✗	
17	Le résultat d'exploitation est un bénéfice lorsque les charges totales sont inférieures au total des produits. *Le résultat d'exploitation est un bénéfice lorsque les produits d'exploitation sont supérieurs aux charges d'exploitation.*		✗
18	Le résultat de l'exercice correspond au résultat d'exploitation. *Le résultat de l'exercice correspond à la différence entre la somme de tous les produits (pas seulement d'exploitation) et la somme de toutes les charges sans exception.*		✗
19	La marge commerciale se calcule uniquement dans les entreprises commerciales.	✗	
20	Le taux de marque représente un pourcentage de marge commerciale par rapport au chiffre d'affaires.	✗	
21	La valeur ajoutée représente la richesse créée par l'entreprise.	✗	
22	La capacité d'autofinancement représente des sources créées par l'entreprise. *Ce sont les ressources dont dispose l'entreprise pour financer des investissements.*		✗

PARTIE 6

PRÉPARATION À L'EXAMEN

LES ÉTUDES ET LA VEILLE COMMERCIALES : ANALYSE DIAGNOSTIC DES MARCHÉS ÉTRANGERS

CCF N° 1 : ÉTUDE D'UN MARCHÉ ÉTRANGER (E41.1)

- **Support : dossier 10 pages maximum hors annexes**
- **Présentation par le candidat : 5 minutes**
- **Entretien avec la Commission d'interrogation : 10 minutes**

CONSTRUIRE LE DOSSIER E41.1

- Votre dossier doit comporter une page de garde et un sommaire.
- **Étape n° 1 : Présentation du contexte de l'étude** (une page)
  - Entreprise.
  - Activité(s), produit(s).
  - Marché(s) de l'entreprise.
  - Objectif commercial de l'entreprise et contraintes de l'entreprise.
- **Étape n° 2 : Présentation de la méthodologie et des sources** (une page)
  - Méthodologie de recherche d'informations.
  - Démarche.
  - Sources utilisées.
  - Analyse critique de ces sources et évaluation de ces sources.
- **Étape n° 3 : Présentation de l'étude pays et de la sélection des marchés** (une à deux pages)
- **Étape n° 4 : présentation de l'étude sectorielle** (trois à quatre pages)
- **Étape n° 5 : présentation du planning** (une page)
  - Il s'agit ici de présenter la planification des tâches pour réaliser l'analyse diagnostique des marchés étrangers.
- **Étape n° 6 : présentation du cahier des charges** (une page)
  - Il s'agit ici de présenter le cahier des charges pour sous-traiter une étude permettant de collecter des informations complémentaires nécessaires.

CCF N° 2 : DIAGNOSTIC À L'EXPORTATION

- **Support : dossier 5 pages maximum hors annexes**
- **Présentation par le candidat : 5 minutes**
- **Entretien avec la Commission d'interrogation : 10 minutes**

CONSTRUIRE LE DOSSIER E41.2

- Votre dossier doit comporter une page de garde et un sommaire.

Fiche 6

- **Étape n° 1 : Présentation du diagnostic externe**
- **Étape n° 2 : Présentation du diagnostic interne**
- **Étape n° 3 : Conclusions et recommandations**

LA VENTE À L'EXPORT : PROSPECTION ET SUIVI DE CLIENTÈLE

• **Support**

Réalisation par le candidat d'un **dossier de prospection** de 10 pages maximum sur son expérience de prospection dans un contexte interculturel vécue au cours de son stage à l'étranger.

• **Plan**

Introduction
1. Contexte de stage
2. Activité(s) de prospection
3. Résultats de l'action de prospection et analyse des résultats
Conclusion

1 • CONTEXTE DE STAGE

• Présentation de l'entreprise : contexte géographique, caractéristiques de l'organisation, caractéristiques commerciales.

• Présentation du contexte de prospection : CA en baisse, nouveaux concurrents...

• Présentation du contexte culturel de la prospection : analyse des particularités de l'organisation et du management de l'entreprise ou des entreprises étrangères avec lesquelles vous avez été en contact. Analyse des adaptations nécessaires pour aborder le monde du travail du pays d'accueil. Analyse des relations professionnelles.

2 • ACTIVITÉS DE PROSPECTION

• Présentation d'une ou plusieurs activités de prospection.

• Chaque activité comporte trois phases : préparation, réalisation, suivi.

• **Étape n° 1 : Préparation de la prospection**
  - Présentation de la méthodologie de recherches des prospects : profil des acheteurs, segmentation, positionnement, constitution du fichier de prospection.
  - Présentation du fichier de prospection.
  - Présentation de l'organisation matérielle de la prospection.
  - Présentation du budget de prospection.

- **Étape n° 2 : Réalisation de la prospection**
  - Présentation du déroulement des différentes activités de prospection : description du déroulement de l'opération de marketing direct, présentation de la mission de prospection, présentation de la manifestation commerciale.
- **Étape 3 : Organisation du suivi de la prospection**
  - Il s'agit ici de présenter l'organisation au quotidien des activités de prospection.

3 • RÉSULTATS DE L'ACTION DE PROSPECTION ET ANALYSE DES RÉSULTATS

- Présentation quantitative et qualitative des résultats.
- Analyse des points faibles de l'opération.
- Présentation des préconisations : axes de développement proposés à l'entreprise, adaptations éventuelles...

CONCLUSION

- Conclusion générale sur les activités de prospection, sur le stage : apports professionnels et personnels.

LA VENTE À L'EXPORT : NÉGOCIATION VENTE EN LVE

PROGRESSION

- **Étape n° 1 : Préparation du dossier entreprise/marché.**
- **Étape n° 2 : Préparation et organisation d'une mission de vente.**
- **Étape n° 3 : Négociation vente en LVE.**

ÉTAPE N° 1 : PRÉPARATION DU DOSSIER ENTREPRISE/MARCHÉ

- **Partie 1 : L'entreprise exportatrice**
  - Présentation de l'entreprise exportatrice (adresse, organisation, localisation des sites, historique, sa situation générale aujourd'hui, profil des clients…).
  - Prospects à rencontrer.
  - Données sectorielles générales.
  - Diagnostic interne.
  - Produits de l'entreprise.
  - Conditions de vente (tarifs).
  - Conditions commerciales (conditions tarifaires, remises, incoterms, délais de livraison, délais et mode de paiement, SAV…).

- **Partie 2 : Marché(s) étrangers**
  - Présentation du/des marchés étrangers.
  - Contexte de la négociation.
  - Données relatives au marché étranger.
  - Données relatives au prospect étranger (ne pas oublier l'approche culturelle).
  - Jeu de rôle client – prospect étranger.

ÉTAPE N° 2 : PRÉPARATION ET ORGANISATION D'UNE MISSION DE VENTE

- **Préparation des outils**

Outils	Objectifs	Moments d'utilisation
– Fiche pays	– Données socio-économiques et culturelles sur le pays concerné.	Tout au long de l'entretien

– Carte de visite	– Installer la confiance, personnaliser la relation.	La prise de contact ou la conclusion.
– Plan de découverte	– Réaliser le diagnostic.	La découverte.
– Argumentaire SONCAS – Fiche objections – Documentation sur support papier ou informatique – Produit	– Faire une argumentation personnalisée. – Traiter les objections du client. – Faciliter l'argumentation par la démonstration.	L'argumentation et le traitement des objections.
– Conditions de vente – Argumentaire – Calculatrice	– Respecter les contraintes légales à l'international. – Négocier les conditions commerciales. – Calculer les remises, le prix.	La négociation du prix et des conditions commerciales.
– Bon de commande – Devis, contrat – Agenda	– Matérialiser les termes de l'accord. – Prendre rendez-vous, fixer une date de livraison, de formation. – Laisser une « trace » de l'entretien.	La conclusion.
– Plaquette, documentation – Fiche client, remontée de l'information à l'entreprise	– Mémoriser l'entretien en vue de veiller à la réalisation des termes de l'accord. – Permettre la mise en place d'actions de fidélisation.	Le suivi.

- **Préparation des étapes de la négociation**
  - Prise de contact.
  - Construire un plan de découverte.
  - Construire l'argumentaire (entreprise, marché, produits avec aspect technique et aspect commercial).
  - Anticiper et préparer le traitement des objections.
  - Préparer la conclusion de la vente et prise de congé.

ÉTAPE N° 3 : NÉGOCIATION VENTE EN LVE SOUS LA FORME D'UN JEU DE RÔLE

- **Prise de contact**
- **Découverte du client/prospect**
- **Argumentation avec le client/prospect**
- **Traitement des objections du client/prospect**
- **Conclusion de la vente et prise de congé**

CONSTRUIRE LE DOSSIER

- **Le candidat doit présenter au jury un dossier** présentant son activité et les diverses missions qu'il a réalisées dans l'entreprise durant son stage de 2e année, dans une entreprise ayant des activités de commerce international.
- **Le dossier est structuré en deux grandes parties** (5 pages maximum) :
  - **Un descriptif de l'entreprise** dans son contexte géographique, organisationnel et commercial (3 pages maximum).
  - **Un descriptif des activités confiées à l'étudiant** dans le cadre du stage de suivi des opérations d'import-export, dans leurs dimensions administrative, organisationnelle et relationnelle. Le candidat veillera à présenter pour chaque activité son contexte, le processus (étapes, méthodes, supports), et le résultat.
  - En outre, le dossier doit comporter une **attestation de stage rédigée et signée par l'entreprise, garantissant la conformité du contenu** du dossier aux activités et missions réellement réalisées par le candidat.
- **Le dossier est fourni au jury avant les épreuves**, à une date fixée par le Recteur d'Académie. Le contrôle de conformité est effectué par les autorités académiques avant les épreuves, et le candidat ne pourra pas être interrogé en cas de non-conformité de son dossier. En cas d'absence de dossier, l'épreuve ne peut se dérouler.
- **Le candidat apporte en plus, le jour de l'épreuve, tous les documents qu'il estime pouvoir venir en appui de sa prestation.**

PRÉSENTATION ORALE

- **Une présentation par le candidat de ses activités en entreprise** pendant 10 minutes maximum sans interruption.

Le candidat doit mettre en évidence :

  - le **contexte** (entreprise, secteur d'activité) ;
  - les **opérations d'import-export les plus significatives** auxquelles il a été associé.

Le candidat doit **montrer la méthodologie utilisée** pour organiser les opérations, **analyser les choix retenus**, et éventuellement faire des préconisations pour améliorer les processus.

Il doit aussi **souligner les procédures de qualité et d'éthique** mises en place par l'entreprise, et **auto-évaluer ses activités.**
Le candidat utilise les supports qu'il désire pour appuyer sa présentation.
Le jury peut être amené à se faire préciser les méthodes, techniques et connaissances mobilisées par l'étudiant pour apprécier le niveau de maîtrise du candidat.

- **Un entretien général avec le candidat** sur son expérience en entreprise pendant le reste du temps (jusqu'à une durée totale de l'épreuve de 30 minutes).

- **Les critères d'évaluation sont les suivants :**
  - Pertinence de l'analyse du processus logistique et des solutions retenues.
  - Qualité de l'analyse de l'efficacité de la prestation des prestataires de service.
  - Qualité de l'analyse des solutions logistiques retenues par l'entreprise.
  - Pertinence de l'analyse du rôle de chaque document dans le processus d'import-export.
  - Pertinence de l'analyse des incidents potentiels et de solutions proposées.
  - Qualité de la communication avec les intermédiaires.

LE CHOIX DE L'ENTREPRISE DE STAGE

L'étudiant devra choisir une entreprise lui permettant de réaliser des activités d'import-export afin de mettre en œuvre les compétences requises :

- entreprise d'import-export ;
- entreprise de négoce ;
- entreprises de transport international, transitaire ;
- service international d'une banque ;
- assurances (service d'assurance prospection de la COFACE par exemple) ;
- douanes…

LES ACTIVITÉS À RÉALISER PENDANT LE STAGE

Voici une liste des activités à réaliser pendant le stage :

- envoyer la demande d'offre aux fournisseurs ;
- préparer et organiser la négociation avec un fournisseur étranger ;
- évaluer les offres et les fournisseurs ;
- coordonner l'administration des ventes et des achats ;
- réaliser le suivi de la chaîne documentaire (à l'import et/ou à l'export) ;
- définir et appliquer les solutions adaptées afin de surmonter les difficultés rencontrées ;

- réaliser le contrôle de qualité des procédures ;
- assurer la gestion de la qualité de service clients.

L'objectif est de gérer un dossier complet depuis la demande d'offre (ou cotation) jusqu'à la facturation.
Un tel dossier permet d'évaluer l'ensemble des compétences opérationnelles que doit avoir acquises le candidat en fin de 2e année de préparation au BTS Commerce International.

L'étudiant devra aussi montrer qu'il a acquis ces compétences tout en :

- adoptant une attitude loyale et en ayant le soucis de préserver les intérêts de son entreprise ;
- s'assurant du bon suivi des opérations en mettant en œuvre les procédures appropriées, en évitant les problèmes et les conflits ;
- allouant de manière optimale temps et ressources ;
- établissant des relations stables avec les partenaires pertinents.

PARTIE 7

LEXIQUE FRANÇAIS/ANGLAIS

Lexique Français/Anglais

Plus de 300 mots du vocabulaire spécifique à la discipline !

A

À vue : after sight

Acceptation d'une traite : acceptance draft

Accord de libre-échange nord-américain (ALENA) : North American Free Trade Agreement (NAFTA)

Accord général sur les tarifs douaniers et le commerce : General Agreement on Tariffs and Trade (GATT)

Accords : agreements

Accords douaniers : trade agreements

Achats : procurement

ACP : African Caribbean ans Pacific States

Acquisition : acquisition

Actualités : news

AELE : EFTA European Free Trade Association: Iceland; Norway; Liechtenstein and Switzerland.

Aéroport : airport

Affacturage : factoring

Affaires : business

Agent : agent

Aides : aids

Amendement : amendment

Amérique latine : latin america

Analyse SWOT : SWOT analysis

APEC : Asia Pacific Economic Co-operation; formed in 1989, APEC currently has 21 members: Australia; Brunei Darussalam; Canada; Chile; People's Republic of China; Hong Kong, China; Indonesia; Japan; Republic of Korea; Malaysia; Mexico; New Zealand; Papua New Guinea; Peru; The Republic of the Philippines; The Russian Federation; Singapore; Chinese Taipei; Thailand; United States of America and Vietnam.

Appel d'offres : tenders
Arbitrage : arbitration
Asie de l'Est : East Asia
Association des Nations de l'Asie du Sud : Association of Southeast Asian Nations (ASEAN)
Assurance : insurance
ATR (Admission Temporaire Roulette) : ATR – Temporary Admission on Wheels
Avantage comparatif : comparative advantage

B

BAE (Billet à ordre) : promisory note
BAF : Bunker Adjustment Factor
Banque émettrice : opening Bank; issuing Bank
Banque mondiale : World Bank WB
Banque négociatrice : negotiating bank
Banque notificatrice : advising bank
Barème : scale charges
Bénéficiaire : beneficiary
Bénéficiaire : recipient
Biens : goods
Brevet : patent

C

CAE (crédit après encaissement) : Credit after collection
CAF : Currency Adjustment Factor
Cahier des charges : specifications
Carnet ATA : ATA carnet
Carte de paiement : credit card
Certificat form A : form A movement certificate
Certification : certification
Chaîne d'approvisionnement : supply chain
Chaîne de valeur : value chain
Change (taux de) : exchange (rate)

Chargement : loading
Chemin de fer : railroad
Chèque : banking cheque
Chèque de banque/traite : bank draft
Chômage : unemployment
Cible : target
CIM : CIM/TIEx Convention International Marchandises Chemins de Fer – international rail carriage receipt.
Clauses : clauses
Client : customer
CMR : CMR note
Commerce : trade
Commerce de détail : retailing
Commerce de gros : wholesale
Commerce électronique : electronic commerce
Commerce extérieur : foreign trade
Commerce international : international trade
Commissionnaire : agent
Comptabilité nationale : national accounts
Concurrence : competition
Concurrent : competitor
Conditions de paiement : terms of payment
Conférence des Nations Unies sur le commerce et le développement (CNUCED) : United Nations Conference on Trade and Development
Conseil d'administration : board of directors
Consignation : consignement
Consommateur : consumer
Consommation : consumption
Conteneur : container
Contrat : contract
Contrat à terme : futures contract
Contrefaçon : forgery, counterfeiting
Convention : convention
Cotation : quotation
Courrier électronique : e-mail
Crédit : credit sale

Crédit documentaire : documentary letter of credit
Crédit documentaire irrévocable : irrevocable letter of credit (L/C)
Crédit documentaire révocable : revocable letter of credit (L/C)

D

Date d'expiration : expiration date
Date de maturité : maturity date
DAU : Single Administrative Document (SAD)
Déclarant en douane : declarant
Déclaration en douane : declaration
Dédouanement : customs clearance/clearing
Dette : debt
Devise : currency
Distribution : distribution (canal : channel/circuit : network)
Donneur d'ordre : principal
Donneur d'ordre (crédit documentaire) : Account Party (in most cases, the account party is the importer/buyer, and is also known as the appliquant)
Douanes : customs
Douanier : customs officer
Droit : law
Droit d'auteur : copyright/royalties
Droits de douane : customs duties
Droits de douane : customs duty

E

Economie : economy
Emballage : packaging
Energie : energy
Entreposage : storage
Entrepôt : warehouse
Entrepôt douanier : customs warehouse
Entreprise : company
Environnement : environment

Espace douanier : customs area
Espèce tarifaire : tariff description
Essence : gas (USA), petrol (GB)
Etude de marché : market study
EUR1 : EUR 1 movement certificate
Exportation directe : direct export
Exportations : export

F

Fabrication : manufacturing
Facture : commercial Invoice
Facture proforma : proforma Invoice
Ferroutage : piggy back
Finance : finance
Foires et salons : fairs and exhibitons
Formalités administrative : administrative burden
Frais : fees
Fret : freight
Fuseau horaire : time zone
Fusion-acquisition : mergers and acquisitions

G

Garant : guarantor
Garantie : guarantee
GATT : General Agreement on Tariffs and Trade
Gouvernement : government
Groupage : groupage

I

Importation : import
Incoterms : Incoterms
Indice des prix à la consommation : consumer price index

Industrie : industry
Inflation : inflation
Interculturel : intercultural
Intérêt : interest (interest rate)
Intermodalité : multimodal
International : international
Internationalisation : internationalization
Internet : internet
Introduction : introduction
Investissement : investment
Investissement direct à l'étranger (IDE) : Foreign Direct Investment FDI

L

Langue : language
Lettre de change : bill of exchange
Lettre de crédit : letter of credit
Liberté : freedom
Libre circulation : free circulation
Libre échange : free Trade
License : license
Ligue des États arabes : Arab league
Livraison : delivery
Logistique : logistics
LTA : air waybill (of lading)

M

Management : management
Marchand : merchant
Marché : market
Marché commun du Sud (Mercosur) : Southern Common Market (Mercosur)
Marché unique : single market
Marge : margin
Marketing : marketing

Marketing direct : direct marketing
Marque : brand
Marque déposée : trademark
Matières premières : raw materials
Ménage : household
Méthodes : methods
Méthodologie : methodology
Monde : world
Mondialisation : globalization
Monnaie : currency
Moyen-Orient : middle east
Multinationale : multinational companies

N

Navire : ship
Nouveau Partenariat pour le développement de l'Afrique NEPAD : New Partnership for Africa's Development NEPAD
Numéro d'identification personnel : personal identification number

O

Obligation : bond
Opération de change : foreign exchange
Organisation : organization
Organisation des Nations Unies : United Nations
Organisation mondiale du commerce (OMC) : World Trade Organization WTO
Origine : origin
OTAN : NATO North Atlantic Treaty Organisation – an alliance of twenty-six countries in Europe and North America, including the United Kingdom

P

PAC : CAP Common Agricultural Policy
Paiement à l'avance/Accompte : advance payment

Paiement en liquide: cash payment
Paiements : payments
Palette : pallet
Par habitant : per capita
Parité de pouvoir d'achat : purchasing power parity
Part de marché : market share
Pauvreté : poverty
Pays : country
Pays émergents : emerging markets
Pays en développement : developing country
Pays étranger : foreign country
PECO : CEECs Contral and Eastern European Countries
Pénalités de retard : default interest
Perfectionnement actif : Inward Processing Relief (IPR)
Perfectionnement passif : Outward Processing Relief (OPR)
Personnalité juridique : legal person
Pétrole : oil
Plan de marchéage : marketing mix
Planification : planning
Politique : policy
Politique étrangère : foreign policy
Population : population
Porte conteneur : container ship
Positionnement : positioning
Préférence tarifaire : tariff preference
Prêt : loan
Privatisation : privatization
Prix : price
Procédure : procedures
Processus : process
Production : production
Produit : product
Produit intérieur brut : gross domestic product
Promotion : promotion
Propriété intellectuelle : intellectual property
Publicité : advertising

Q

Qualité : quality

R

Réchauffement climatique : global warming
Recherche : research
Relations internationales : international relations
Relations publiques : public relations
Religion : religion
Rentabilité : profitability
Réseau : network
Risque : risk
Risque de change : foreign exchange exposure
Risque de crédit : credit risk
Risque pays : country risk
Route : road

S

Salon professionnel : trade show
Secrétaire : secretary
Sécurité : security
Segmentation : segmentation (to segment customers)
Service : services
Statistiques : statistics
Statistiques du commerce extérieur : trade statistics
Stratégie : strategy

T

Taux de change : exchange rate
Taux de conversion : conversion rate

Taxe sur la valeur ajoutée (TVA) : Value-added tax (VAT)
Tendance : trends
TIR : TIR
Traite : draft
Transaction : transaction
Transformation : processing
Transit commun : common transit
Transit communautaire : community transit
Transitaire : freight forwarder
Transport : transport
Transport multimodal : combined transport
Transport par canalisation : pipeline transport

U

Union douanière : customs union
Union européenne : european union

V

Valeur en douane : customs value
Vendeur : salesman
Vendeuse : saleswoman
Ventes : sales
Virement : transfer
Virement bancaire : bank transfer
Visegrad : visegrad countries – A group of countries, comprising of: Czech Republic; Hungary; Poland and Slovakia.
Voie navigable : waterway
Voyage : travel
Vraquier : bulk carrier

Z

Zone franche : free zone

COUNTRIES OF THE EU

Austria, Belgium, Bulgaria, Republic of Cyprus, The Czech Republic, Denmark, Estonia, Finland, France, Germany, Greece, Hungary, The Irish Republic (Eire), Italy, Latvia, Lithuania, Luxembourg, Malta, The Netherlands, Poland, Portugal, Romania, Slovenia, Slovakia, Spain, Sweden and The United Kingdom.

Special territories such as the Canary Islands and the Channel Islands are in the Customs territory but are not part of the Fiscal (VAT) Territory of the EU.

À SAVOIR

Pour vous aider à travailler vos documents en anglais : un lexique très complet des paiements à l'international sur :
http://www.creditmanagementworld.com/glossary/internationalglossary.html

Achevé d'imprimer en Slovaquie par Polygraf
Dépôt légal : décembre 2015 - Collection n° 14 - Édition 01
24/9053/4

Objectif BTS

Commerce international

TOUT LE COURS EN 90 FICHES

Commerce international

Anne Boffy
Université de Picardie Jules-Verne, IAE d'Amiens

Christophe Deparrois
Université de Picardie Jules-Verne, IUT d'Amiens

hachette
ÉDUCATION

Couverture : Vambacas, Stéphanie Benoît
Maquette : PAON
Réalisation : GRAPH'in-folio

www.hachette-education.com
ISBN : 978-2-01-227333-7